최신 개정판 20일 안에 끝내는 코딩

스크래치야 반가워!

곽문기 지음

다락원

최신 개정판
20일 안에 끝내는 코딩
스크래치야 반가워!

지은이 곽문기
펴낸이 정규도
펴낸곳 (주)다락원

개정판 1쇄 발행 2019년 9월 23일

편집총괄 최운선
기획편집 박수희
디자인 윤미주, 임미영, 박보희
일러스트 주형근

다락원 경기도 파주시 문발로 211
내용문의 (02) 736-2031 내선 277
구입문의 (02) 736-2031 내선 250~252
Fax (02) 732-2037
출판등록 1977년 9월 16일 제300-1977-23호

Copyright © 2019, 곽문기

저자 및 출판사의 허락 없이 이 책의 일부 또는 전부를 무단 복제·전재·발췌할 수 없습니다. 구입 후 철회는 회사 내규에 부합하는 경우에 가능하므로 구입문의처에 문의하시기 바랍니다. 분실·파손 등에 따른 소비자 피해에 대해서는 공정거래위원회에서 고시한 소비자 분쟁 해결 기준에 따라 보상 가능합니다. 잘못된 책은 바꿔 드립니다.

값 13,800원
ISBN 978-89-277-4744-4 73000

http://www.darakwon.co.kr
다락원 홈페이지를 통해 인터넷 주문을 하시면 자세한 정보와 함께 다양한 혜택을 받으실 수 있습니다.

사진 출처 shutterstock.com

머리말

4차 산업 혁명 시대의 필수 경쟁력을 키우는 소프트웨어(SW) 교육

 인공 지능, 빅데이터(Big Data), 사물 인터넷, 클라우드 컴퓨팅(Cloud Computing) 등 ICT(Information and Communications Technologies) 기술의 발전으로 우리가 살아가는 세상이 상상할 수 없을 만큼 변할 것이라는 '4차 산업 혁명 시대'가 손을 뻗으면 잡을 수 있을 만큼의 위치에 다가와 있습니다. 이러한 4차 산업 혁명 시대에 필요한 경쟁력을 갖추기 위해서는 소프트웨어 교육이 필요합니다.

 우리의 생활 속에 깊숙하게 스며있는 ICT 기술을 잘 활용하기 위해서는 직접 컴퓨터가 되어 문제를 생각하는 '컴퓨팅 사고력'과 그 문제를 해결하는 방법인 '문제 해결 능력'이 있어야 합니다. 이를 키울 수 있는 소프트웨어 교육은 미래를 살아갈 학생들에게 아주 중요한 도움이 될 것입니다.

지능 정보 사회의 창의 융합형 인재 양성을 위한 소프트웨어 교육

 2018년부터 초·중등학교에서 소프트웨어 교육을 필수로 배우게 됩니다. 정부는 초·중등 소프트웨어 교육 필수화 준비 및 학교 중심의 소프트웨어 교육을 추진하는 「소프트웨어 교육 활성화 기본 계획」을 발표하였습니다. -2016.12. 국가교육과정정보센터

 앞서 2018년부터 실행되는 「2015년 개정 교육 과정」에 따라 초등학교는 2019년부터 17시간, 중학교는 2018년부터 단계적으로 34시간 이상의 소프트웨어 교육을 필수화하였습니다. 이는 앞으로 경험하게 될 지능 정보 사회에서 가치 창출의 핵심이 되는 소프트웨어 분야의 중요성을 고려하여 초·중·고등학교의 소프트웨어 교육 강화를 통해 창의력과 논리력, 그리고 문제 해결 능력을 갖춘 인재 양성을 추진하기 위함입니다.

소프트웨어 교육의 출발, 스크래치(Scratch)

스크래치는 미국의 MIT대학(매사추세츠공과대학)의 미디어 연구실인 'Lifelong Kindergarten Group'에서 운영하는 프로젝트로, 누구나 쉽게 프로그램을 만들 수 있도록 개발된 교육용 프로그래밍 언어이며 환경입니다. 모든 연령층이 즐길 수 있지만, 특히 8세에서 16세까지의 초·중등학교 학생들을 대상자로 개발되었습니다.

영어 사전에서 'from scratch'라는 구문을 'from the very beginning'이라고 설명하는데, 이는 '시작이나 아주 쉬운 첫 단계'를 의미합니다. 처음 프로그래밍을 시작하는 학생들이 쉽고 재미있게 프로그래밍을 배울 수 있도록 스크래치를 개발했음을 알 수 있습니다.

이 책은 '스크래치를 처음 시작하는 학생들을 위한 책'입니다.

총 4장으로 이루어져 있으며, 1장에서는 스크래치를 소개하고, 2장에서는 간단한 준비 운동을 배웁니다. 3장에서는 스토리텔링을 통해서 애니메이션을 구현해 보고, 4장에서는 다양한 게임을 만들어 봅니다.

학생들이 20일 동안 스크래치의 모든 것을 배울 수 있도록 낮은 수준부터 높은 수준까지 단계별로 내용을 구성하였습니다. 이 책을 덮는 순간 혼자 아이디어를 내고, 스크래치를 통해 재미있는 프로젝트를 구성할 수 있을 것으로 기대합니다.

책에서 사용한 예제와 이미지 등은 다락원 홈페이지(www.darakwon.co.kr)에서 다운로드하여 사용할 수 있습니다.

Thanks To…

이 책이 나오기까지 도움과 힘이 되어 주신 다락원 어린이 출판부의 최운선 부장님, 박수희 대리님 그리고 사랑하는 아내 김나정과 훌쩍 커버린 아들 동현이에게 고마움과 사랑을 전합니다. 마지막으로 아버지, 어머니, 장인어른, 장모님 항상 고맙습니다.

구성과 특징

20일 안에 끝내는 코딩!

코딩을 하기 전에 '학습 목표와 완성 작품 미리 보기, 스프라이트/배경/블록 살펴보기'를 통해 어떻게 코딩할지 생각해 봅니다.

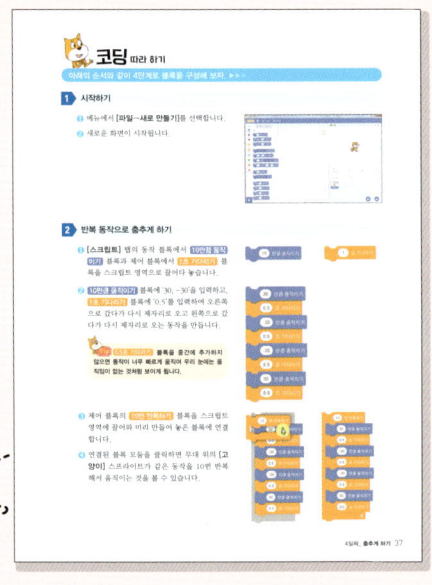

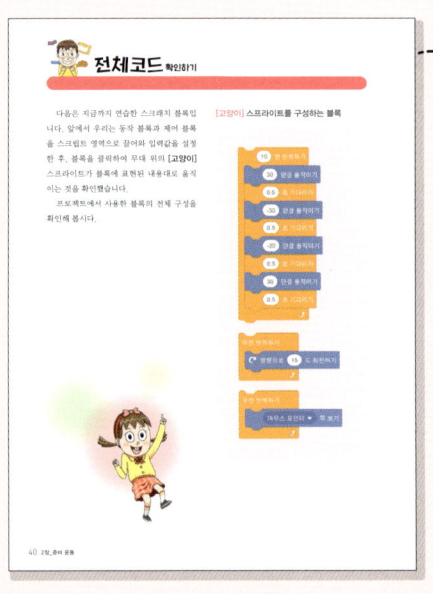

전체 코드 확인하기

지금까지 만든 프로젝트의 전체 코드를 확인합니다.

코딩 따라 하기

스크래치 프로그램을 이용하여 직접 코딩해 봅니다.

공유하기

스크래치 홈페이지에 접속하여 내가 만든 프로젝트를 세계의 여러 친구와 공유합니다.

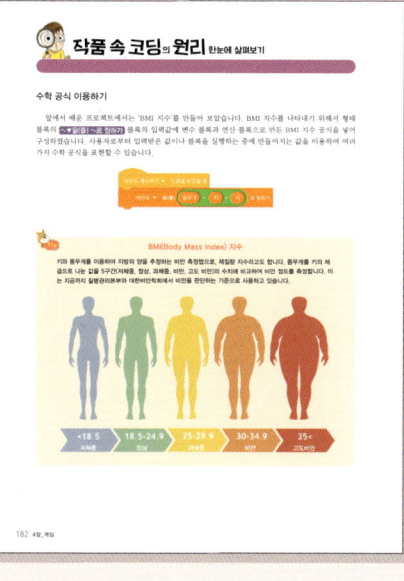

작품 속 코딩의 원리 한눈에 살펴보기

작품 속에 담겨 있는 코딩의 원리를 통해
컴퓨팅 사고력을 키워 봅니다.

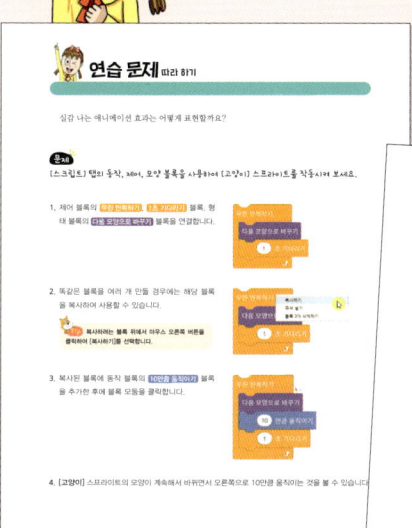

연습 문제 따라 하기/도전하기

앞에서 배운 내용을 응용하여
연습 문제를 따라 하거나
도전해 봅니다.

부록

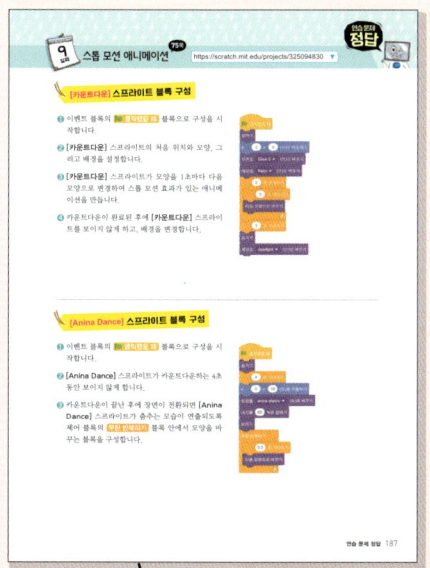

- **연습 문제 정답**: 연습 문제의 정답을 확인합니다.
- **블록 설명 모음**: 스크래치 전체 블록에 대한 설명을 살펴봅니다.

1장

- 1일째 스크래치가 뭐죠? ... 12
- 2일째 스크래치 살펴보기 ... 18

3장

스토리텔링

- 8일째 다 같이 돌자 동네 한 바퀴 ... 60
- 9일째 스톱 모션 애니메이션 ... 68
- 10일째 애완 로봇 찍찍이 ... 76
- 11일째 지구를 굴려 보자! ... 84
- 12일째 스크래치 마법 학교 ... 94
- 13일째 연주 발표회 ... 102
- 14일째 오늘은 피카소 ... 110
- 15일째 나의 꿈, 나의 미래 ... 120

2장 준비 운동

3일째	동작하게 하기	30
4일째	춤추게 하기	36
5일째	초록 깃발로 시작하기	42
6일째	스프라이트 추가하기	48
7일째	저장하고 공유하기	54

4장 게임

16일째	가위바위보	134
17일째	오늘의 퀴즈	144
18일째	미로를 탈출하라!	154
19일째	뻐꾸기시계	164
20일째	비만도 계산하기	174

부록

- 연습 문제 정답 … 186
- 블록 설명 모음 … 206

1장

 스크래치가 뭐죠?

 스크래치 살펴보기

우리 함께 컴퓨팅 사고력을 효과적으로 확장할 수 있도록 '스크래치'를 활용하는 방법을 즐겁게 배워 봅시다!

컴퓨팅 사고력은?

컴퓨팅 사고력(Computational Thinking)은 컴퓨터를 활용하여 어떤 문제를 해결하기 위한 접근 방법으로, '문제를 해결하기 위한 절차'와 '문제를 해결하기 위한 기술적인 능력'을 말합니다.

컴퓨터는 스스로 문제를 해결할 수 없으므로, 사용자의 프로그래밍 능력에 따라 문제를 해결합니다. 그러므로 컴퓨터 사고력을 배운다면 아주 적은 비용으로 문제를 쉽고 빠르게 해결할 수 있습니다.

컴퓨팅 사고력을 이용한 문제 해결 절차 살펴보기

❶ 자료 수집 및 분석 일반 자료를 컴퓨터로 처리할 수 있도록 디지털 형태로 만드는 과정.

❷ 분해 자료, 과정, 문제 등을 다룰 수 있을 만큼 작게 나누는 과정.

❸ 패턴화 데이터 안에 있는 패턴, 동향, 규칙을 관찰하는 과정.

❹ 추상화 사고력을 높이기 위한 목적으로 패턴을 만드는 원칙을 정하는 과정.

❺ 알고리즘 문제를 해결하기 위한 절차적인 사고를 형상화하는 과정.

❻ 자동화 스크래치, 엔트리 등의 프로그램을 사용해 컴퓨팅 사고력을 구현하는 과정.

2일째 스크래치 살펴보기

무엇을 배울까요?

- 스크래치 홈페이지 회원 가입 방법과 홈페이지 메뉴를 살펴봅니다.
- 스크래치 오프라인 에디터 설치 방법과 에디터 구성을 살펴봅니다.
- 소프트웨어 학습 참고 사이트를 살펴봅니다.

1 스크래치 홈페이지 회원 가입하기

1. 스크래치 홈페이지 scratch.mit.edu에 들어가 오른쪽 위의 메뉴 중 **[스크래치 가입]**을 클릭합니다.

    **Tip** 스크래치 3.0은 에디터가 최신 HTML5로 완전 새롭게 구성되었습니다. 구글 크롬이나 마이크로소프트 엣지 등과 같은 최신 브라우저에서 실행하도록 합니다.

   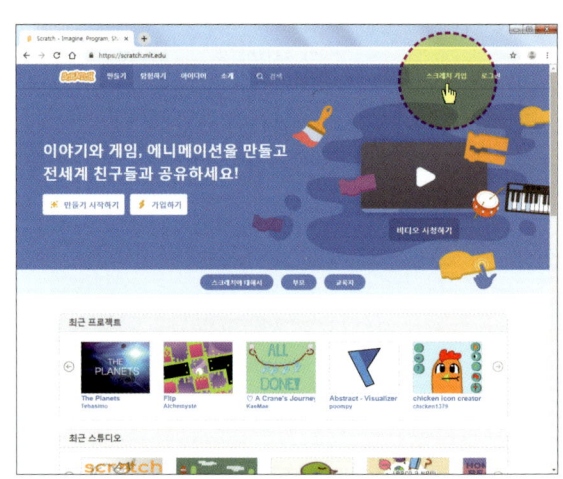

2. **스크래치 사용자 이름 입력**에 본인의 실제 이름 말고 스크래치 홈페이지에서 사용할 이름(아이디)을 입력합니다.

   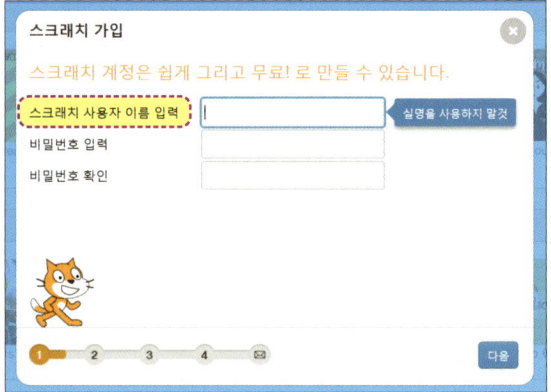

3. **비밀번호 입력**에 사용할 비밀번호를 쓰고, 정확히 썼는지 한 번 더 입력하여 확인한 후, 다음 버튼을 클릭합니다.

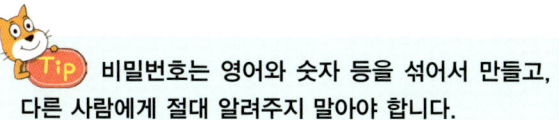 비밀번호는 영어와 숫자 등을 섞어서 만들고, 다른 사람에게 절대 알려주지 말아야 합니다.

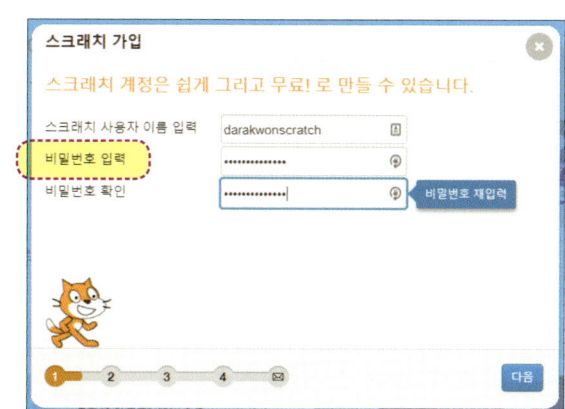

4. **생년월일**과 **성별**, 그리고 **국가**를 입력하고, 다음 버튼을 클릭합니다.

 대한민국은 'South Korea'입니다.

5. 본인 확인을 위해서 **이메일 주소**를 입력하고, 다음 버튼을 클릭합니다. 만약 미성년자일 경우 **부모님 또는 보호자 이메일 주소**를 입력합니다.

※ 미성년자일 경우

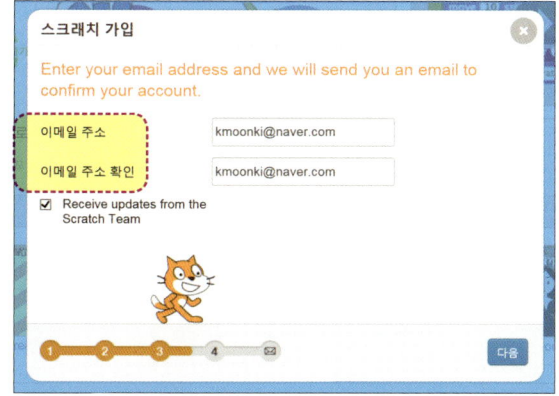
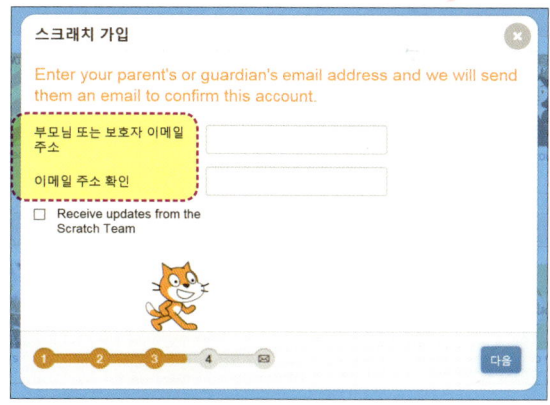

6. 로그인이 되었다는 메시지와 함께 입력한 이메일로 사용자 확인용 링크가 전송되었음을 알려줍니다. 자, 시작합시다! 버튼을 클릭합니다.

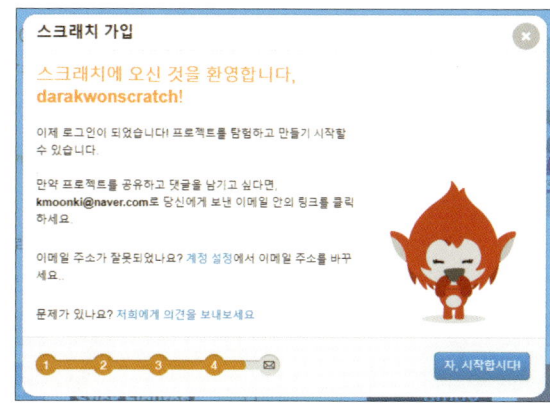

2일째_ **스크래치 살펴보기** 19

7. 회원 가입할 때 입력한 이메일의 받은 메일함에 들어간 후, 'no-reply@scratch.mit.edu'에게 온 메일을 확인합니다. 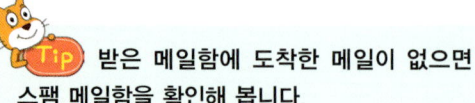를 클릭하여 스크래치 홈페이지에 회원으로 가입된 내용을 확인합니다.

> Tip 받은 메일함에 도착한 메일이 없으면 스팸 메일함을 확인해 봅니다.

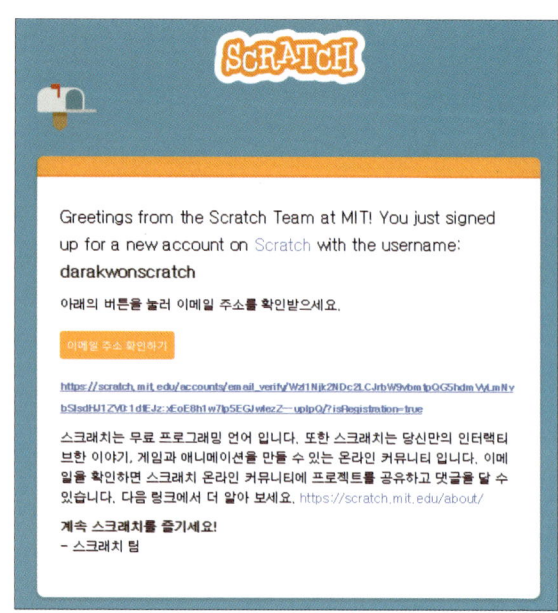

8. 이메일 주소 확인이 모두 끝나면 입력한 이메일로 스크래치 회원 가입 환영 메일이 다시 전송됩니다.

여기까지 회원 가입 절차를 마치면 스크래치를 사용할 수 있습니다.

2 스크래치 홈페이지 메뉴 알아보기

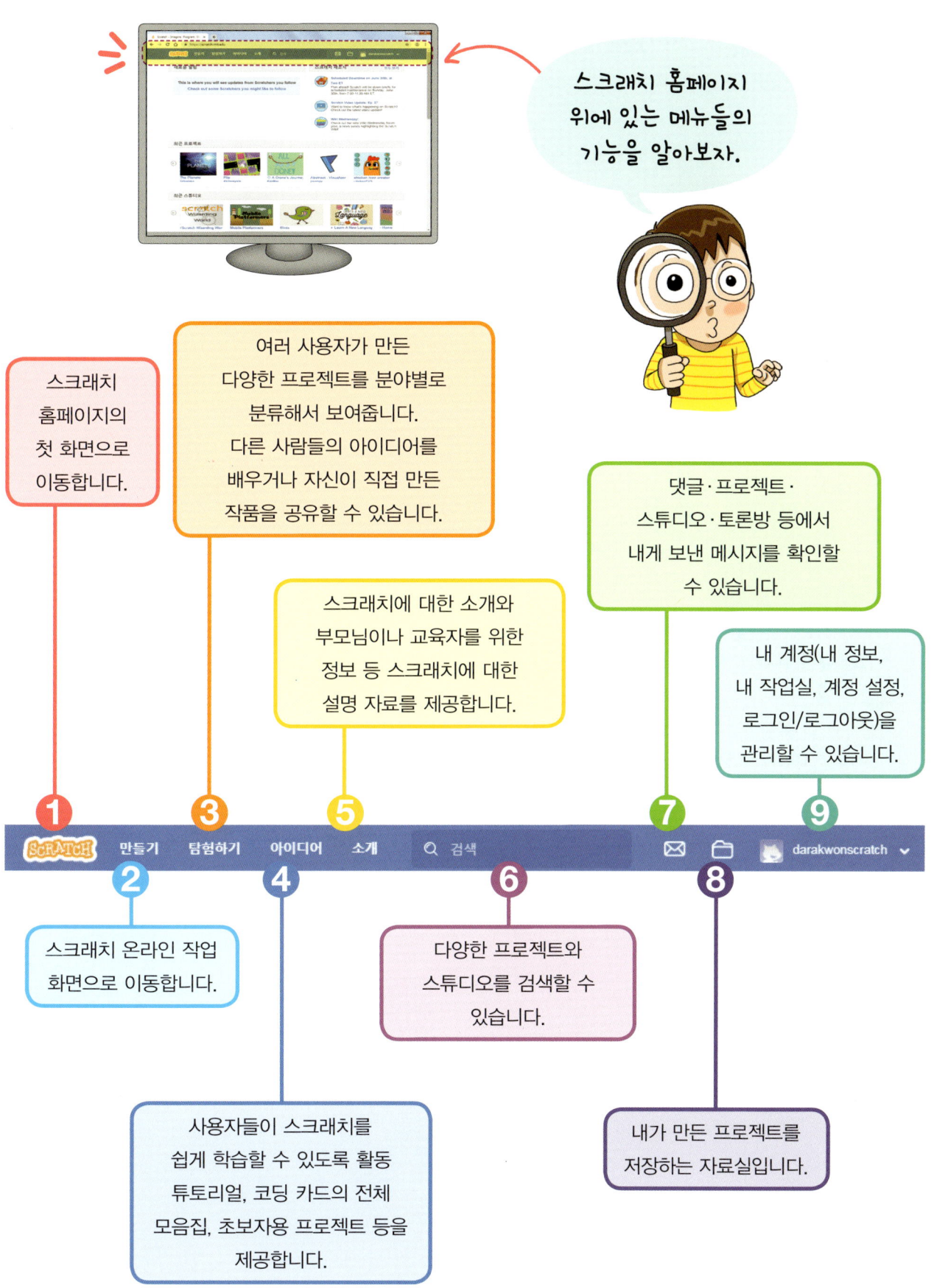

3. 스크래치 오프라인 에디터 설치하기

1. 스크래치 홈페이지 아래의 **[지원]** 메뉴에서 **[오프라인 에디터]**를 클릭하여 이동합니다.

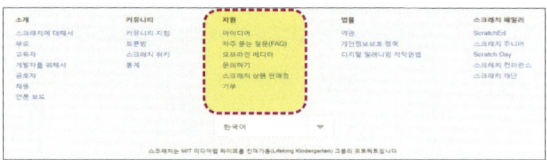

2. 오프라인 에디터가 설치될 컴퓨터의 운영 체제(OS)에 맞는 프로그램을 선택하여 내려받습니다.

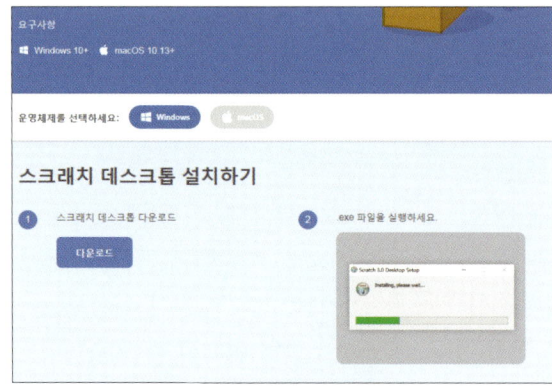

3. 스크래치 오프라인 에디터를 설치합니다.

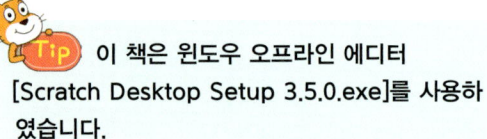

> Tip 이 책은 윈도우 오프라인 에디터 [Scratch Desktop Setup 3.5.0.exe]를 사용하였습니다.

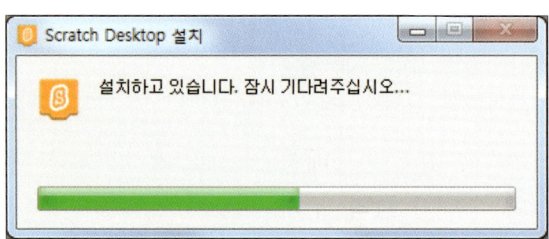

4. 스크래치 3.0 오프라인 에디터를 설치한 뒤 실행합니다.

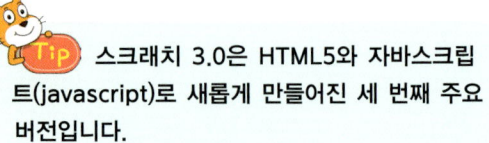

> Tip 스크래치 3.0은 HTML5와 자바스크립트(javascript)로 새롭게 만들어진 세 번째 주요 버전입니다.

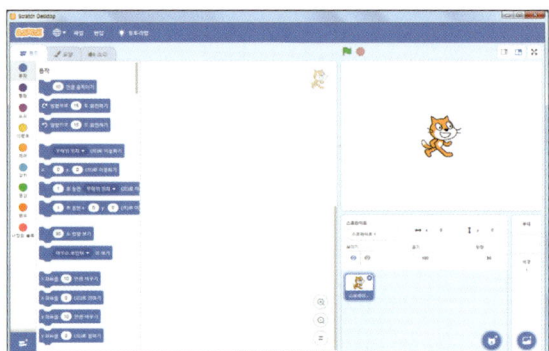

4 스크래치 오프라인 에디터 살펴보기

1. **기본 용어**

   - **스프라이트(Sprite)**: 블록을 이용하여 제어할 수 있는 스크래치의 사물이나 등장인물.
   - **무대(Stage)**: 스크래치 화면의 배경.
   - **블록(Block)**: 동작, 형태, 소리, 이벤트, 제어, 감지, 연산, 변수, 나만의 블록 등의 명령어.
   - **프로젝트(Project)**: 하나 이상의 스프라이트 등으로 구성하여 저장하는 단위.

2. **화면 구성**

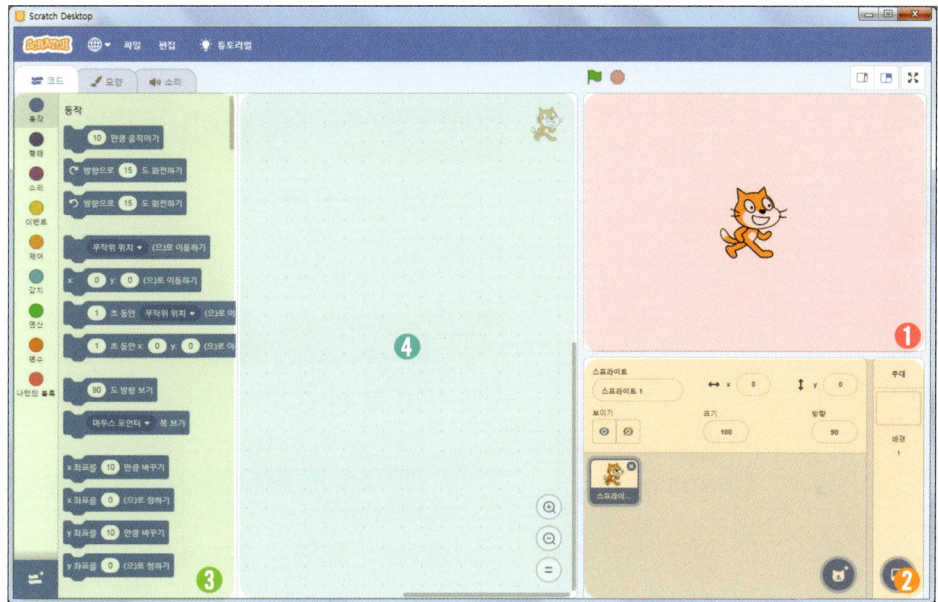

   ❶ **무대 영역**   배경, 스프라이트 등의 결과 화면을 보여주는 영역.
   ❷ **스프라이트 영역** 무대의 배경과 무대 위의 스프라이트를 관리하는 영역.
   ❸ **블록 영역**   배경, 스프라이트 등을 동작시킬 다양한 블록이 있는 영역.
   ❹ **스크립트 영역**   블록 영역의 다양한 블록을 끌어와서 무대 위의 동작을 만드는 프로그래밍 영역.

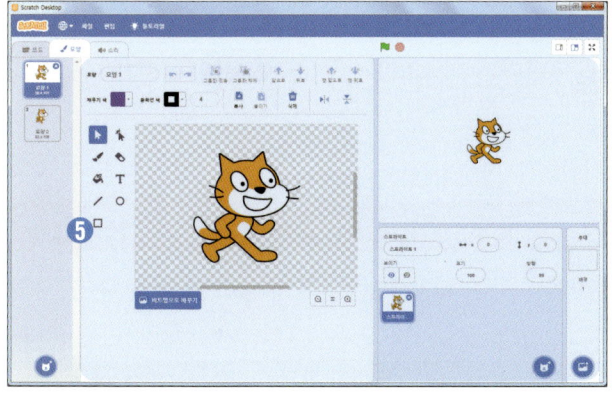 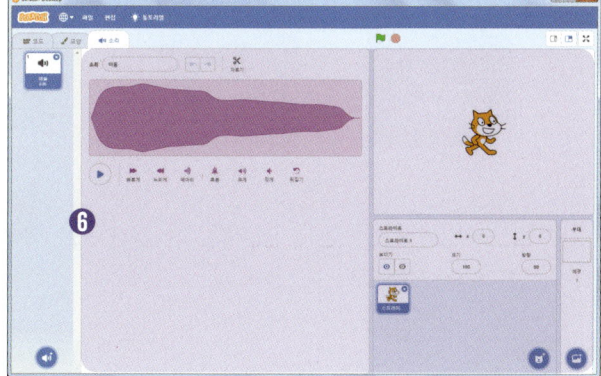

   ❺ **모양/배경 편집** 스프라이트 모양과 배경 디자인을 편집할 수 있는 영역.
   ❻ **소리 편집**   소리를 편집할 수 있는 영역.

3. 블록 구성

> **Tip** 블록은 한글과 영문 모드를 함께 익히면 용어와 동작을 쉽게 이해할 수 있습니다.

동작 (Motion)
스프라이트의 위치, 회전, 방향 등의 동작을 제어하는 블록.

형태 (Looks)
스프라이트나 배경의 크기, 모양 등의 형태를 제어하는 블록.

소리 (Sound)
소리 재생, 소리 효과 등의 소리와 관련된 블록.

이벤트 (Events)
스크래치 프로젝트를 시작하거나 여러 이벤트를 구성하는 블록.

제어 (Control)
조건, 반복 등 프로젝트의 흐름을 제어하는 블록.

감지 (Sensing)
위치, 색상, 마우스 등 변화를 감지하는 블록.

연산 (Operators)
값을 더하거나 빼는 등 연산과 관련된 블록과 글자를 변경할 수 있는 블록.

변수 (Variables)
값을 저장하기 위한 변수와 리스트를 구성하고 관리하는 블록.

나만의 블록 (My Blocks)
반복해서 자주 사용하는 블록의 형태를 만들 수 있는 블록.

확장 기능 추가하기 (Add Extension)
음악, 펜, 비디오 감지, 텍스트 음성 변환(TTS), 번역 등 여러 가지 추가 기능을 연결할 수 있는 블록.

5 소프트웨어 학습 참고 사이트 살펴보기

Korea SW koreasw.org

초·중학생 대상의 온라인 소프트웨어 교육 시스템으로 창의 컴퓨팅에 관심이 있는 사람들을 위한 커뮤니티입니다.

소프트웨어 중심사회 www.software.kr

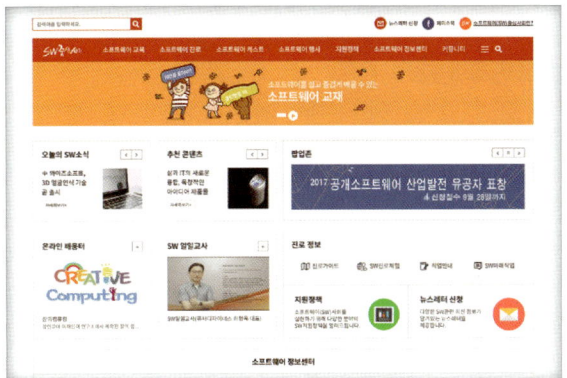

과학기술정보통신부 정보통신산업진흥원(NIPA)에서 운영하고 있으며, 소프트웨어 중심 사회를 위해 다양한 정보와 교육 프로그램 등을 제공합니다.

한국과학창의재단 www.kofac.re.kr

'초·중·등 SW 교육 선도 학교' 운영을 지원하고 있으며, 정규 교육 과정 및 방과 후 학교에서 활용할 수 있는 소프트웨어 교육 관련 교재 및 콘텐츠를 제공합니다.

소프트웨어야 놀자 www.playsw.or.kr

커넥트재단에서 제공하는 프로그램으로 아이들이 소프트웨어 교육을 직접 경험해보고, 학부모와 선생님들에게는 소프트웨어 교육의 장기적인 가이드라인을 제공합니다.

생활코딩 www.opentutorials.org

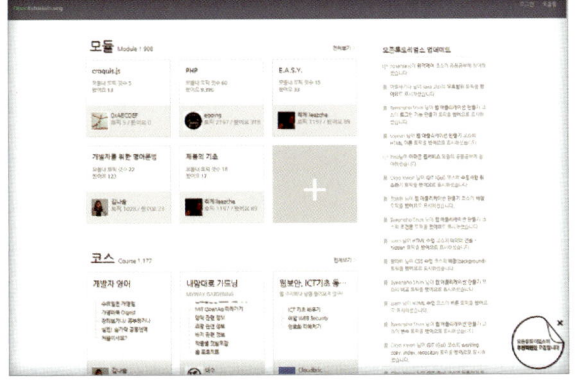

온라인 소프트웨어 무료 학습을 위한 여러 가지 예제 및 튜토리얼을 제공합니다.

Code.org studio.code.org

미국 비영리 단체가 운영하고 있으며, '1주일에 한 시간, 코딩을 공부하게 하자!'라는 캠페인을 진행합니다.

2장

 동작하게 하기

 춤추게 하기

 초록 깃발로 시작하기

 스프라이트 추가하기

 저장하고 공유하기

3일째 동작하게 하기

? 무엇을 배울까요?

- 스크래치 프로그램의 기본 동작을 배워 봅니다.
- 블록을 스크립트 영역으로 끌어와 블록에 표시된 내용을 실행해 봅니다.
- 여러 개의 블록을 연결하여 결과를 만들어 봅니다.

완성 작품 미리 보기

고양이를 움직이게 하려면 어떻게 해야 할까요? 스크립트 탭에서 움직임을 표현하는 동작 블록을 스크립트 영역으로 끌어와 고양이가 움직이도록 만들어 봅시다!

QR코드로 작품을 미리 볼 수 있습니다.

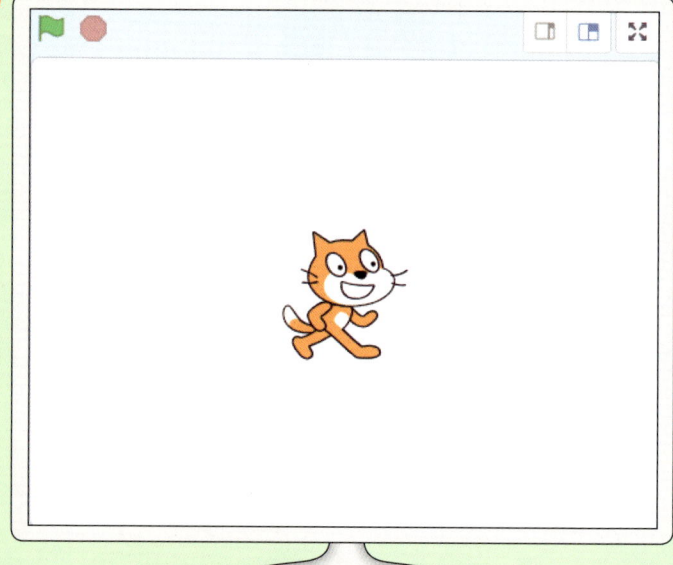

스프라이트와 블록 살펴보기

스프라이트	블록
	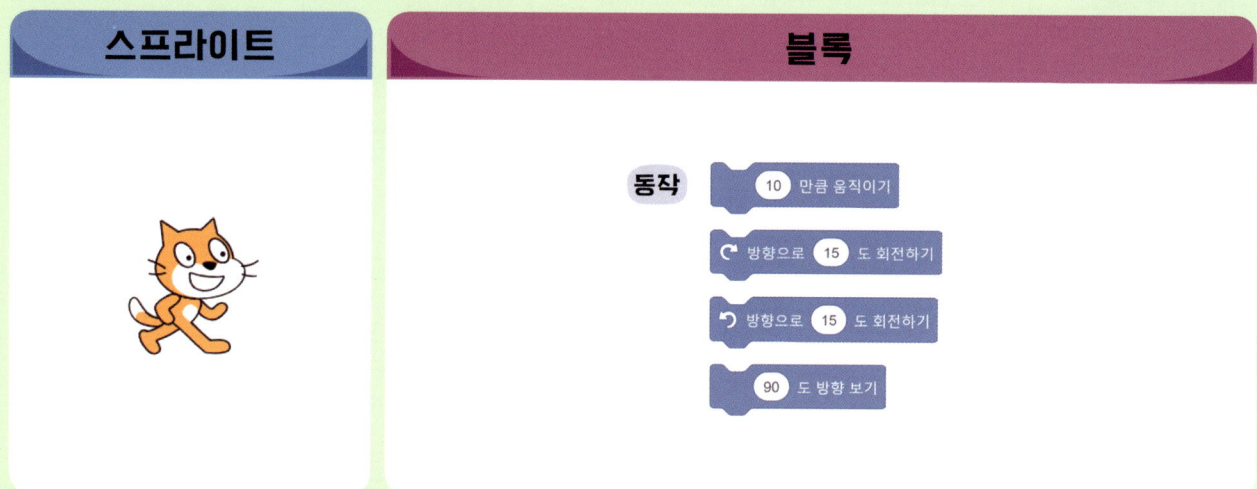

30 2장_준비 운동

코딩 따라 하기

아래의 순서와 같이 4단계로 블록을 구성해 보자. ▶▶▶

1 시작하기

❶ 메뉴에서 [**파일→새로 만들기**]를 선택합니다.
❷ 새로운 화면이 시작됩니다.

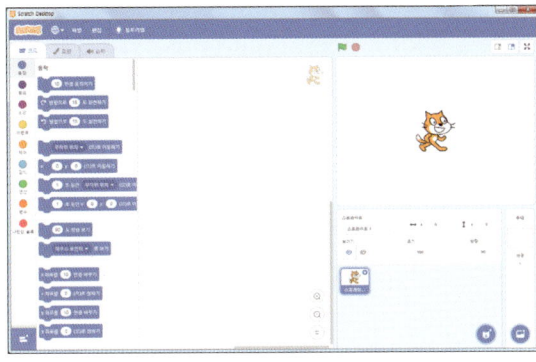

2 블록 선택하기

❶ [**스크립트**] 탭의 동작 블록에서 마우스의 왼쪽 버튼을 누른 상태로 `10만큼 움직이기` 블록을 끌어서 스크립트 영역으로 가져옵니다.

❷ 스크립트 영역에 놓인 `10만큼 움직이기` 블록을 마우스로 클릭하면 무대 위의 [**고양이**] 스프라이트가 10만큼 앞으로 움직이는 것을 볼 수 있습니다.

> **Tip** 블록에 표현된 내용은 스크래치 프로그램에서의 명령어입니다. 스크립트 영역에 있는 블록을 클릭하면 선택한 명령어가 실행됩니다.

3 여러 블록 선택하기

❶ **[스크립트]** 탭의 동작 블록에서 다른 블록들을 끌어서 스크립트 영역으로 가져옵니다.

❷ 각 블록의 글자를 입력하는 공간에 원하는 숫자를 입력합니다.

> **Tip** `90도 방향 보기` 블록의 방향은 0도를 기준으로 하여 오른쪽은 180도, 왼쪽은 -180도까지의 값을 설정할 수 있습니다.

❸ 각각의 블록들을 마우스 왼쪽 버튼으로 클릭합니다.

❹ 무대 위의 **[고양이]** 스프라이트가 해당 블록에 표현된 내용대로 움직이는 것을 볼 수 있습니다.

4 블록 연결하기

❶ **[스크립트]** 탭의 동작 블록에서 `10만큼 움직이기` 블록을 끌어서 스크립트 영역으로 가져옵니다.

❷ `10만큼 움직이기` 블록의 글자를 입력하는 공간에 각각 '30'과 '−30'을 입력합니다.

> **Tip** 양(+)의 숫자와 음(−)의 숫자는 스프라이트가 움직일 방향을 나타냅니다. `30만큼 움직이기` 블록은 오른쪽으로 30만큼 움직이는 것을 의미하고, `-30만큼 움직이기` 블록은 왼쪽으로 30만큼 움직이는 것을 의미합니다.

❸ 블록의 모양은 다른 블록을 연결할 수 있도록 올록볼록하게 생겼는데, 그 부분을 맞추면 블록이 연결됩니다.

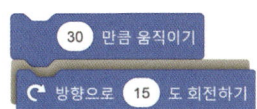 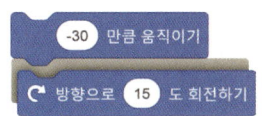

> **Tip** 블록에 다른 블록을 가까이 가져가면 그림자처럼 생긴 도움 선이 나타나서 두 블록을 연결할 수 있다는 것을 알려줍니다.

❹ 각각 연결된 블록을 마우스 왼쪽 버튼으로 클릭합니다.

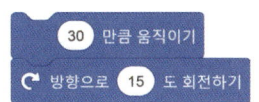 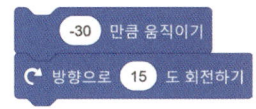

❺ 무대 위의 **[고양이]** 스프라이트가 연결된 블록에 표현된 내용의 순서대로 움직이는 것을 볼 수 있습니다.

전체코드 확인하기

다음은 지금까지 연습한 스크래치 블록입니다. 앞에서 우리는 다양한 동작 블록들을 스크립트 영역에 끌어와 무대 위의 **[고양이]** 스프라이트가 블록에 표현된 내용대로 움직이는 것을 확인했습니다. 또한, 두 개의 블록을 연결한 경우에는 연결된 블록에 표현된 순서대로 움직이는 것을 확인했습니다.

프로젝트에서 사용한 블록의 전체 구성을 확인해 봅시다.

[고양이] 스프라이트를 구성하는 블록

연습 문제 따라 하기

소리나 말하기는 어떻게 표현할까요?

[스크립트] 탭의 동작, 소리, 형태, 제어 블록을 조합하여 **[고양이]** 스프라이트를 작동시켜 보세요.

1. 동작, 소리 블록을 연결하여 **[고양이]** 스프라이트가 오른쪽으로 30만큼 움직인 후, '야옹'이라고 소리를 내도록 구성해 봅니다.

2. 동작, 소리, 형태 블록을 연결하여 **[고양이]** 스프라이트가 오른쪽으로 30만큼 움직인 후, '야옹'이라고 소리를 내며 "안녕!"이라고 말하고, 다시 왼쪽으로 30만큼 움직여 제자리로 돌아오도록 구성해 봅니다.

3. 동작, 소리, 제어 블록을 연결하여 **[고양이]** 스프라이트가 오른쪽으로 30만큼 움직인 후, '야옹'이라고 소리를 내고, 1초를 멈춰 있다가 다시 왼쪽으로 30만큼 움직여 제자리로 돌아오도록 구성해 봅니다.

4일째 춤추게 하기

? 무엇을 배울까요?

- 스크래치 프로그램의 기본 동작을 배워 봅니다.
- 같은 일이 반복적으로 일어나는 경우를 처리해 봅니다.
- 반복적인 움직임이 춤추는 동작으로 보이도록 만들어 봅니다.

완성 작품 미리 보기

우리는 춤을 출 때 어떻게 움직이나요? 스크립트 탭의 동작 블록과 제어 블록을 이용하여 고양이가 춤을 추는 것처럼 움직이도록 만들어 봅시다!

QR코드로 작품을 미리 볼 수 있습니다.

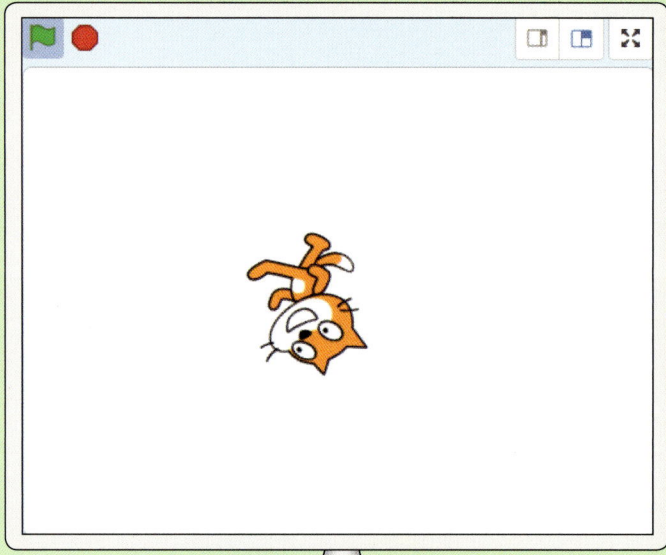

스프라이트와 블록 살펴보기

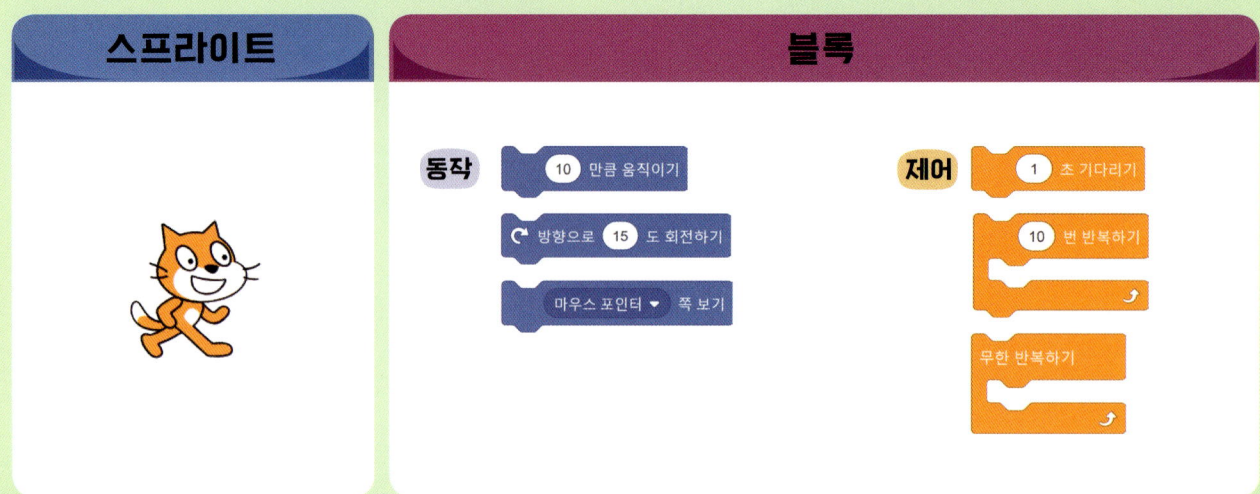

코딩 따라 하기

아래의 순서와 같이 4단계로 블록을 구성해 보자. ▶▶▶

1 시작하기

❶ 메뉴에서 [**파일→새로 만들기**]를 선택합니다.
❷ 새로운 화면이 시작됩니다.

2 반복 동작으로 춤추게 하기

❶ [**스크립트**] 탭의 동작 블록에서 `10만큼 움직이기` 블록과 제어 블록에서 `1초 기다리기` 블록을 스크립트 영역으로 끌어다 놓습니다.

❷ `10만큼 움직이기` 블록에 '30, -30'을 입력하고, `1초 기다리기` 블록에 '0.5'를 입력하여 오른쪽으로 갔다가 다시 제자리로 오고 왼쪽으로 갔다가 다시 제자리로 오는 동작을 만듭니다.

> **Tip** `0.5초 기다리기` 블록을 중간에 추가하지 않으면 동작이 너무 빠르게 움직여 우리 눈에는 움직임이 없는 것처럼 보이게 됩니다.

❸ 제어 블록의 `10번 반복하기` 블록을 스크립트 영역에 끌어와 미리 만들어 놓은 블록에 연결합니다.

❹ 연결된 블록 모둠을 클릭하면 무대 위의 [**고양이**] 스프라이트가 같은 동작을 10번 반복해서 움직이는 것을 볼 수 있습니다.

3 스프라이트를 계속 회전하기

❶ 제어 블록의 무한 반복하기 블록과 동작 블록의 방향으로 15도 회전하기 블록을 스크립트 영역으로 끌어다 놓습니다.

❷ 무한 반복하기 블록 안에 방향으로 15도 회전하기 블록을 연결합니다.

❸ 연결된 블록 모둠을 클릭하면 무대 위의 **[고양이]** 스프라이트가 제자리에서 계속 회전하는 것을 확인할 수 있습니다.

> **Tip** [모양] 탭에 들어가서 마우스 왼쪽 버튼을 누른 상태로 [고양이] 스프라이트 전체를 드래그하여 선택한 후, [고양이] 스프라이트의 위치를 옮기면 회전 운동의 중심점 위치를 바꿀 수 있습니다.

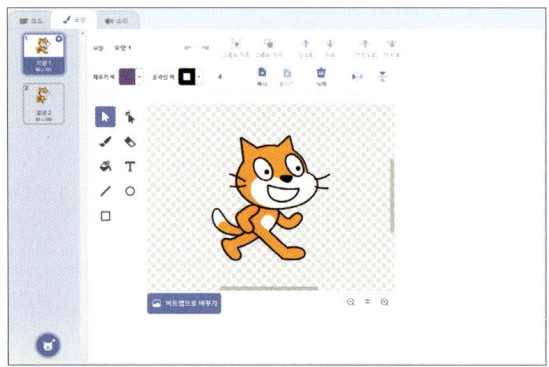 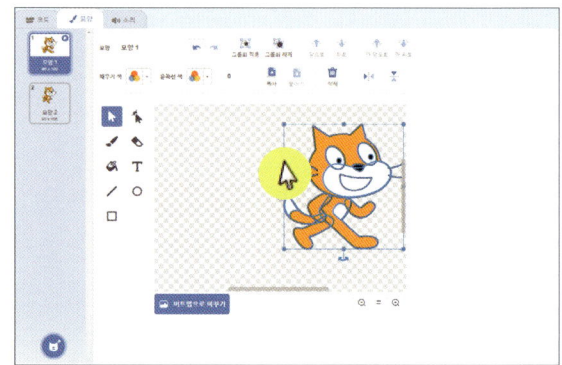

4 마우스 위치에 따라 회전하기

❶ 제어 블록의 `무한 반복하기` 블록과 동작 블록의 `마우스 포인터▼쪽 보기` 블록을 스크립트 영역으로 끌어다 놓습니다.

❷ `무한 반복하기` 블록 안에 `마우스 포인터▼쪽 보기` 블록을 연결합니다.

> Tip `마우스 포인터▼쪽 보기` 블록은 무대 위에서 마우스 포인터가 움직이는 방향에 따라 스프라이트의 방향이 설정되도록 합니다.

❸ 연결된 블록 모둠을 클릭한 후, 무대 위에서 마우스를 움직이면 마우스의 위치에 따라 **[고양이]** 스프라이트의 방향이 계속해서 바뀌는 것을 볼 수 있습니다.

> Tip 스프라이트 영역에서 무대 위 [고양이] 스프라이트의 현재 속성을 확인할 수 있습니다. 방향 항목에서는 마우스의 움직임에 따라 방향 값이 계속해서 바뀝니다.

전체코드 확인하기

다음은 지금까지 연습한 스크래치 블록입니다. 앞에서 우리는 동작 블록과 제어 블록을 스크립트 영역으로 끌어와 입력값을 설정한 후, 블록을 클릭하여 무대 위의 **[고양이]** 스프라이트가 블록에 표현된 내용대로 움직이는 것을 확인했습니다.

프로젝트에서 사용한 블록의 전체 구성을 확인해 봅시다.

[고양이] 스프라이트를 구성하는 블록

연습 문제 따라 하기

실감 나는 애니메이션 효과는 어떻게 표현할까요?

[스크립트] 탭의 동작, 제어, 모양 블록을 사용하여 [고양이] 스프라이트를 작동시켜 보세요.

1. 제어 블록의 무한 반복하기, 1초 기다리기 블록, 형태 블록의 다음 모양으로 바꾸기 블록을 연결합니다.

2. 똑같은 블록을 여러 개 만들 경우에는 해당 블록을 복사하여 사용할 수 있습니다.

   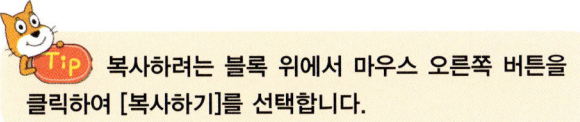
   복사하려는 블록 위에서 마우스 오른쪽 버튼을 클릭하여 [복사하기]를 선택합니다.

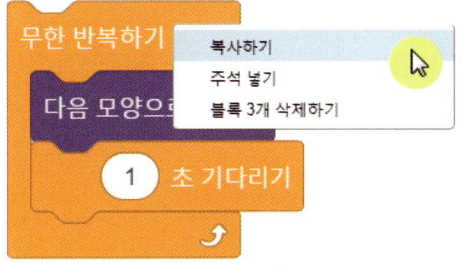

3. 복사된 블록에 동작 블록의 10만큼 움직이기 블록을 추가한 후에 블록 모둠을 클릭합니다.

4. [고양이] 스프라이트의 모양이 계속해서 바뀌면서 오른쪽으로 10만큼 움직이는 것을 볼 수 있습니다.

5일째 초록 깃발로 시작하기

? 무엇을 배울까요?

- 🚩을 클릭하여 프로젝트를 실행하는 방법을 소개합니다.
- 스프라이트를 클릭할 때 일어나는 이벤트를 만들어 봅니다.
- 이벤트에 대해 알아봅니다.

완성 작품 미리 보기

여러 개의 블록 모둠이 있는 경우 어떻게 스크래치를 시작할까요? 자동차 경주에서 깃발을 흔들어 출발을 알리는 것처럼 스크래치를 시작하는 신호가 필요합니다. 무대 왼쪽 위의 🚩을 클릭하여 프로젝트를 실행해 봅시다!

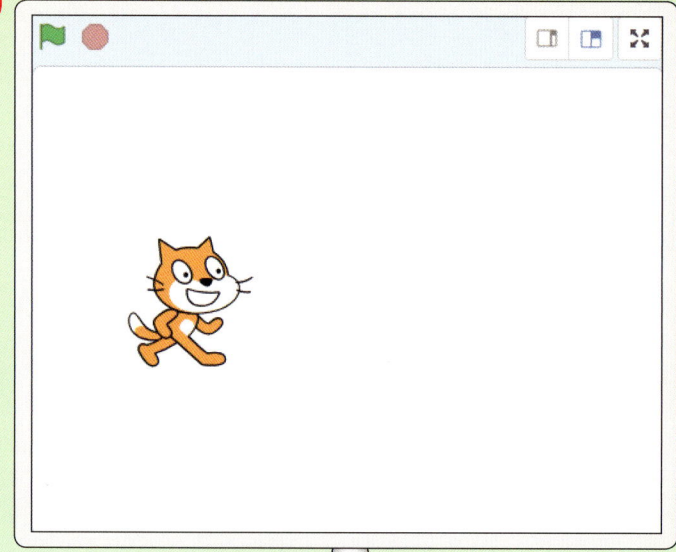

QR코드로 작품을 미리 볼 수 있습니다.

스프라이트와 블록 살펴보기

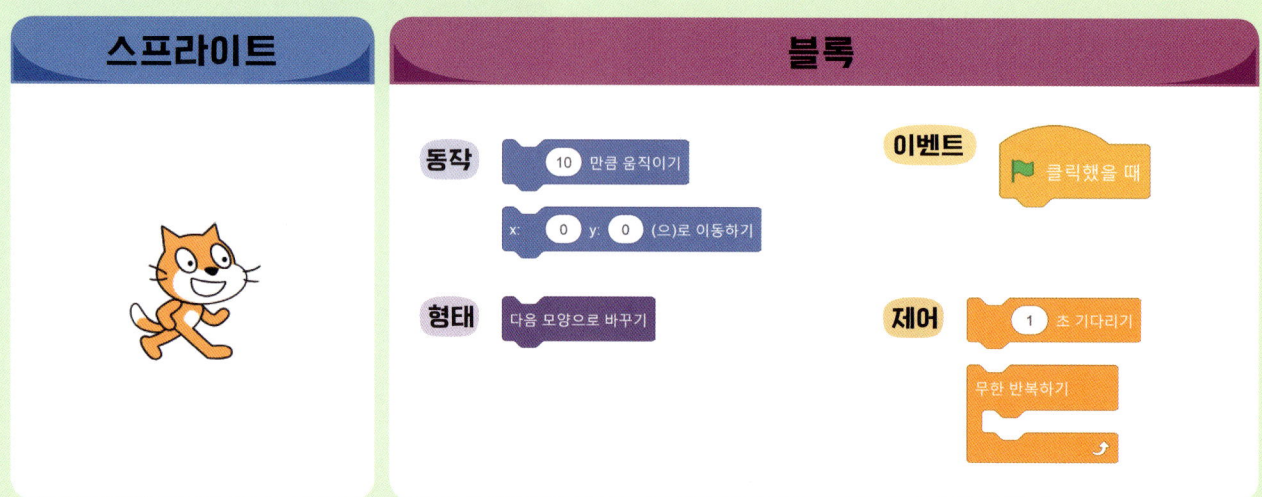

42 2장_준비 운동

코딩 따라 하기

아래의 순서와 같이 4단계로 블록을 구성해 보자. ▶▶▶

1 시작하기

❶ 메뉴에서 [파일→새로 만들기]를 선택합니다.
❷ 새로운 화면이 시작됩니다.

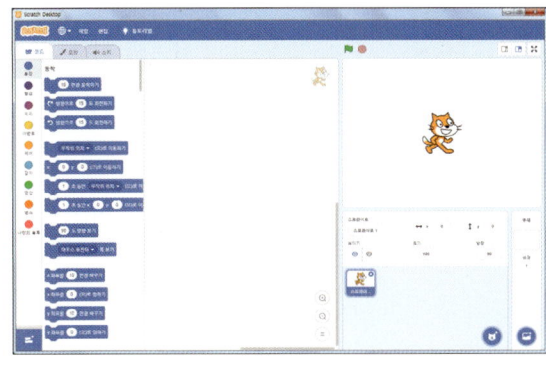

2 초록 깃발로 프로젝트 시작하기

❶ 이벤트 블록의 `클릭했을 때` 블록을 스크립트 영역으로 끌어다 놓습니다.

> **Tip** `클릭했을 때` 블록은 블록 모음의 맨 위에 위치하여 블록들의 실행 방법과 순서를 설정합니다.

❷ 동작 블록의 `x: 0 y: 0(으)로 이동하기` 블록을 끌어다 연결하여 ▶을 클릭했을 때, [고양이] 스프라이트가 이동할 위치를 설정합니다.

> **Tip** 'x: -120, y: 0'으로 설정합니다.

❸ 제어 블록의 `무한 반복하기` 블록을 끌어다 연결하여 처음의 상황과 실행 내용을 반복하는 형태로 구성합니다.

> **Tip** 여기서 처음의 상황은 [고양이] 스프라이트의 처음 위치를 말하며, 실행 내용은 왼쪽으로 120만큼 이동한 것을 의미합니다.

5일째_ 초록 깃발로 시작하기 43

3 실행 내용 추가하기

① 형태 블록의 `다음 모양으로 바꾸기`, 동작 블록의 `10만큼 움직이기`, 제어 블록의 `1초 기다리기` 블록을 연결하여 실행 내용을 구성합니다.

> Tip `1초 기다리기` 블록의 입력값을 '0.1'로 설정합니다.

② 위에서 만든 실행 블록을 `무한 반복하기` 블록 안에 연결하여 실행 내용이 계속 반복되도록 구성합니다.

4 프로젝트를 실행하고 멈추기

❶ 무대 왼쪽 위의 🏁을 클릭하여 프로젝트를 실행합니다.

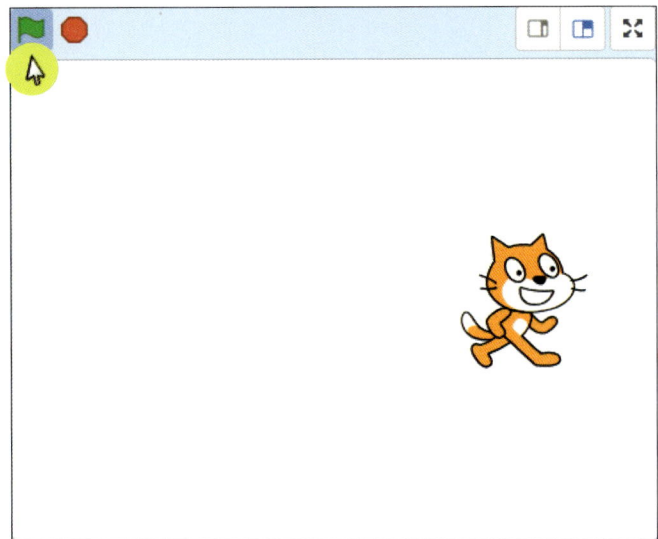

 🏁의 왼쪽에 있는 🔴을 클릭하면 실행 중인 스크래치를 멈출 수 있습니다.

❷ 무대 위의 **[고양이]** 스프라이트가 왼쪽에서 오른쪽으로 계속해서 움직이는 모습을 볼 수 있습니다.

스크래치에서 이벤트(Event)는 특별한 경우에 어떠한 행동을 수행하도록 약속한 일을 의미합니다. 예를 들어 올림픽의 육상 경기에서 심판이 화약총의 방아쇠를 당겨 출발 신호를 알리면, 출발점에서 준비하고 있던 선수는 전속력으로 달립니다. 이를 이벤트에 비유하면 특별한 경우가 방아쇠를 당기는 일이고, 달리는 것이 약속된 일입니다.

전체코드 확인하기

다음은 지금까지 연습한 스크래치 블록입니다. 앞에서 우리는 이벤트 블록의 클릭했을 때 블록을 스크립트 영역으로 끌어와 블록 모둠을 구성한 후, 무대 왼쪽 위의 🏁을 클릭하여 스크래치를 실행했습니다. 또한, **[고양이]** 스프라이트가 무대의 왼쪽 끝에서 오른쪽으로 10만큼씩 0.1초마다 계속해서 모양을 바꾸며 움직이는 것을 확인했습니다.

프로젝트에서 사용한 블록의 전체 구성을 확인해 봅시다.

[고양이] 스프라이트를 구성하는 블록

연습 문제 따라 하기

블록 모둠을 추가하여 블록의 기능을 구분해 볼까요?

이벤트 블록의 `클릭했을 때` 블록을 이용하여 🏳을 클릭했을 때 실행되는 부분과 [고양이] 스프라이트를 클릭했을 때 실행되는 부분을 나누어 블록을 구성해 보세요.

1. 이벤트 블록의 `클릭했을 때` 블록을 스크립트 영역으로 끌어다 놓고, 형태 블록의 `크기를 100%로 정하기`, 동작 블록의 `90도 방향 보기`, 제어 블록의 `무한 반복하기` 블록을 연결합니다.

2. 동작 블록의 `방향으로 15도 회전하기`, 제어 블록의 `1초 기다리기` 블록을 스크립트 영역으로 끌어와 연결합니다.

3. 위에서 만든 실행 블록을 `무한 반복하기` 블록 안에 연결하여 실행 내용이 계속 반복되도록 구성합니다.

4. 이벤트 블록의 `이 스프라이트를 클릭했을 때`, 형태 블록의 `크기를 10만큼 바꾸기` 블록을 스크립트 영역으로 끌어와 연결합니다.

5. [고양이] 스프라이트를 클릭하면, 크기가 현재보다 10만큼 커지는 것을 볼 수 있습니다.

6일째 스프라이트 추가하기

? 무엇을 배울까요?

- 무대 위에 또 다른 스프라이트를 추가해 봅니다.
- 추가된 스프라이트의 블록을 구성해 봅니다.
- 무대 위에 배경을 추가해 봅니다.

완성 작품 미리 보기

고양이와 발레리나가 동시에 움직이게 하려면 어떻게 해야 할까요? 고양이와 발레리나가 함께 춤을 추는 것처럼 동시에 움직이도록 만들어 봅시다!

QR코드로 작품을
미리 볼 수 있습니다.

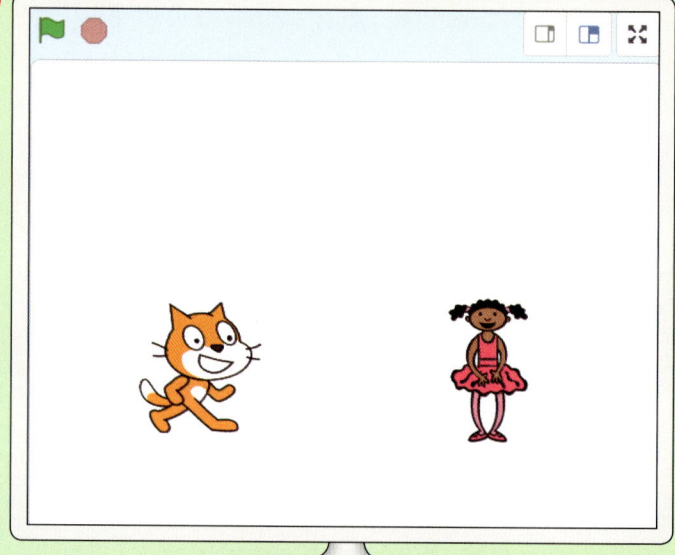

스프라이트와 블록 살펴보기

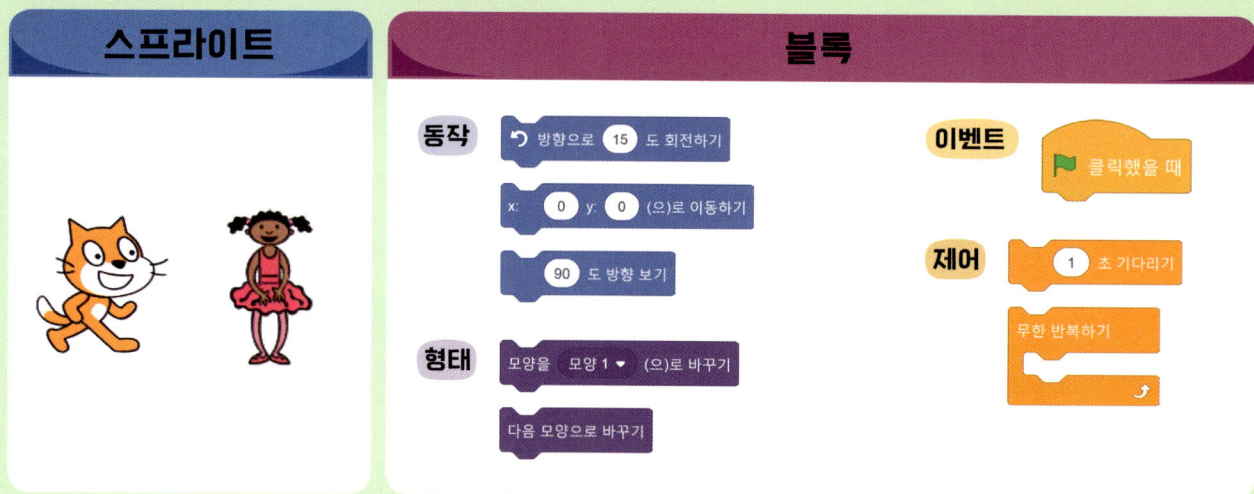

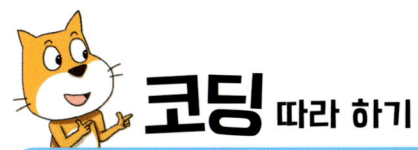

코딩 따라 하기

아래의 순서와 같이 5단계로 블록을 구성해 보자. ▶▶▶

1 시작하기

① 메뉴에서 [파일→새로 만들기]를 선택합니다.
② 새로운 화면이 시작됩니다.

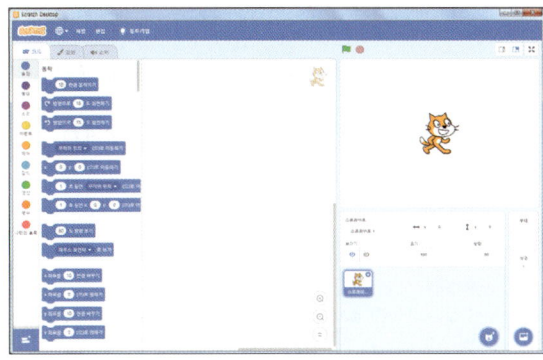

2 [고양이] 스프라이트 블록 구성하기

① 이벤트 블록의 클릭했을 때 블록을 스크립트 영역으로 끌어다 놓습니다.

② 동작 블록의 x: 0 y: 0(으)로 이동하기 와 90도 방향 보기 블록을 연결하여 [고양이] 스프라이트의 처음 위치와 방향을 설정합니다.

> Tip 처음 위치는 'x: -110, y: -55', 방향은 '90'으로 설정합니다.

③ 이벤트 블록의 클릭했을 때 블록을 스크립트 영역으로 끌어다 놓습니다.

④ 제어 블록의 무한 반복하기 블록 안에 동작 블록의 방향으로 15도 회전하기 블록을 넣은 후, 클릭했을 때 블록에 연결하여 실행 내용을 구성합니다.

> Tip 클릭했을 때 블록을 여러 개 사용하면, 동시에 여러 개의 블록 모음을 실행할 수 있습니다.

6일째_ 스프라이트 추가하기 49

3 스프라이트 추가하기

❶ 스프라이트 목록의 [스프라이트 고르기] 메뉴에서 [스프라이트 고르기]를 클릭합니다.

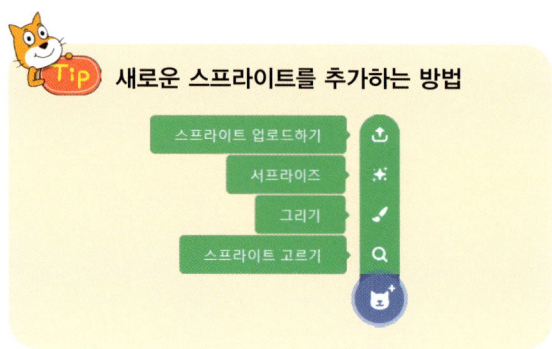

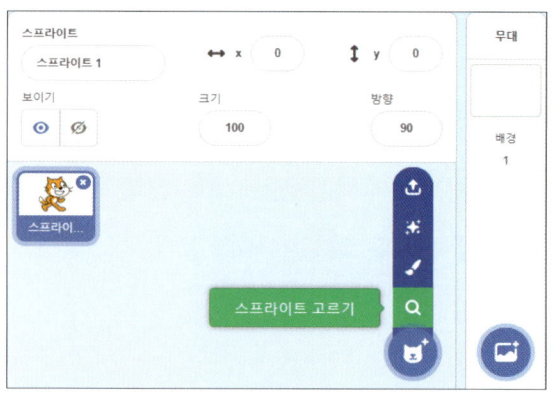

❷ 스프라이트 고르기에서 [Ballerina] 스프라이트를 선택합니다.

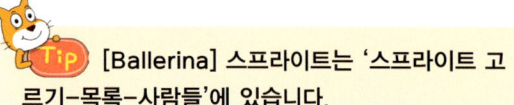
[Ballerina] 스프라이트는 '스프라이트 고르기-목록-사람들'에 있습니다.

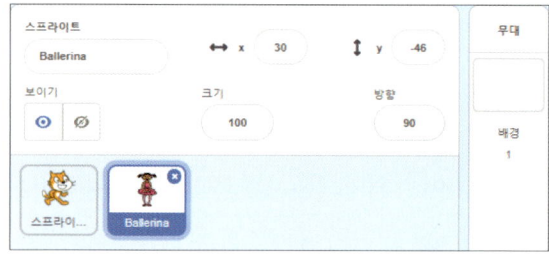

4 새로운 스프라이트에 블록 추가하기

❶ 이벤트 블록의 클릭했을 때 블록을 스프라이트 영역으로 끌어다 놓고, 시작 환경을 구성합니다.

❷ 동작 블록의 x: 0 y: 0(으)로 이동하기 와 형태 블록의 모양을 ballerina-a▼(으)로 바꾸기 블록을 연결합니다.

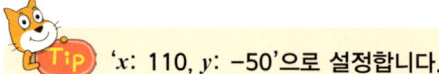
'x: 110, y: -50'으로 설정합니다.

50 2장_준비 운동

> **Tip** [Ballerina] 스프라이트는 4개의 모양으로 구성되어 있습니다. `모양을 ~▼(으)로 바꾸기` 블록에서 '▼'를 클릭하거나 스크립트 영역의 [모양] 탭에 들어가 다양한 모양을 고를 수 있습니다.

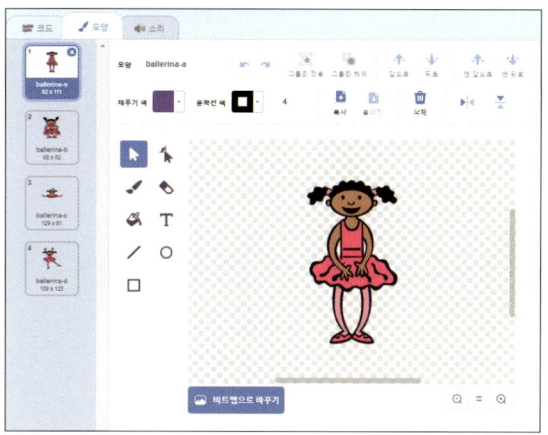

❸ 이벤트 블록의 `클릭했을 때` 블록을 스크립트 영역으로 끌어다 놓고, 실행 내용을 구성합니다.

❹ 제어 블록의 `무한 반복하기` 블록 사이에 형태 블록의 `다음 모양으로 바꾸기`와 제어 블록의 `1초 기다리기` 블록 모둠을 넣어 연결합니다.

> **Tip** `1초 기다리기` 블록의 입력값을 '0.2'로 설정합니다.

5 테스트하여 완성하기

❶ 무대 왼쪽 위의 🚩을 클릭하여 프로젝트를 실행합니다.

❷ 무대 위의 **[고양이]** 스프라이트가 계속해서 15도씩 회전을 하고, **[Ballerina]** 스프라이트가 0.2초마다 동작을 바꾸며 움직이는 모습을 볼 수 있습니다.

전체코드 확인하기

다음은 지금까지 연습한 스크래치 블록입니다. 앞에서 우리는 새로운 스프라이트를 추가하여 2가지 스프라이트의 블록을 구성하였습니다. 무대 왼쪽 위의 🚩을 클릭하면 **[고양이]** 스프라이트와 **[Ballerina]** 스프라이트가 자유롭게 움직이는 것을 확인했습니다.

프로젝트에서 사용한 블록의 전체 구성을 확인해 봅시다.

[고양이]
스프라이트를 구성하는 블록

[Ballerina]
스프라이트를 구성하는 블록

 **연습 문제** 따라 하기

흰 배경 위에서 춤을 추고 있는 고양이와 발레리나의 모습이 허전해 보이지 않나요? 무대 목록의 [새로운 배경] 메뉴에서 다양한 배경을 추가할 수 있습니다. 무대에 배경을 추가해 봅시다.

 문제

앞에서 만든 프로젝트에 배경을 추가하여 [고양이] 스프라이트와 [Ballerina] 스프라이트가 무대 위에서 춤출 수 있도록 만들어 보세요.

1. 무대 목록의 [배경 고르기] 메뉴에서 [배경 고르기]를 클릭합니다.

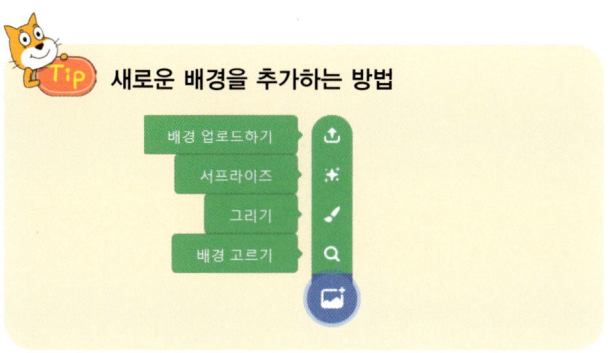

2. 배경 고르기에서 [Party]를 선택합니다.

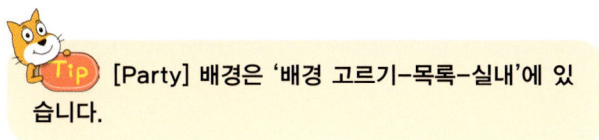

3. 무대 왼쪽 위의 🏁을 클릭하면 [Party] 배경 위에서 [고양이]와 [Ballerina] 스프라이트가 춤추는 모습을 볼 수 있습니다.

6일째_ 스프라이트 추가하기 53

7일째 저장하고 공유하기

? 무엇을 배울까요?

- 프로젝트를 컴퓨터와 스크래치 홈페이지에 저장하는 방법을 배웁니다.
- 프로젝트를 스크래치 홈페이지에 공유하는 방법을 배웁니다.

1 컴퓨터에 저장하기

❶ 오프라인 에디터의 메뉴에서 [**파일→컴퓨터에 저장하기**]를 선택합니다.

❷ 컴퓨터에 저장할 곳을 선택한 후, '06. 스프라이트 추가하기.sb3'라는 이름으로 저장합니다.

- '06. 스프라이트 추가하기.sb3'에서 sb3는 스크래치 3.0의 파일 확장자입니다.
- 스크래치 2.0과 달리 3.0 오프라인 에디터는 스크래치 홈페이지로 직접 저장하는 기능을 지원하지 않습니다.

2 스크래치 홈페이지에 저장하기

❶ 스크래치 홈페이지에 로그인한 후, 메뉴에서 [**만들기**]를 클릭합니다.

❷ 메뉴에서 [**파일-Load from your computer**]를 선택한 후, 컴퓨터에 저장되어 있는 '06. 스프라이트 추가하기.sb3'를 불러옵니다.

❸ [Scratch.mit.edu 내용] 창이 뜨면 [확인] 버튼을 클릭합니다.

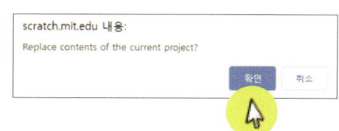

❹ 오른쪽 위의 [내 계정→내 작업실]을 클릭합니다.

❺ [내 작업실]에서 전체 프로젝트를 확인할 수 있습니다.

3 공유할 프로젝트 선택하기

❶ 스크래치 홈페이지의 [내 작업실→공유되지 않은 프로젝트]로 이동합니다.

❷ 공유하려는 프로젝트의 이름을 선택하면 공유 정보를 입력하는 화면으로 이동하고, [스크립트 보기]를 선택하면 온라인 에디터로 이동합니다.

4 공유 정보 입력하기

❶ 공유할 프로젝트의 [사용 방법]과 [참고 사항 및 참여자]를 입력하고, [공유] 버튼을 클릭합니다.

- [사용 방법]에는 키보드나 마우스 등으로 이벤트를 발생하는 방법, 스크래치를 구성하는 이야기의 흐름 등을 이해하기 쉽게 설명해 줍니다.
- [참고 사항 및 참여자]에는 만들게 된 동기, 아이디어를 갖게 된 배경, 스크립트나 그림을 인용하여 만들었다면 이에 대해 고마움 등을 표시합니다.

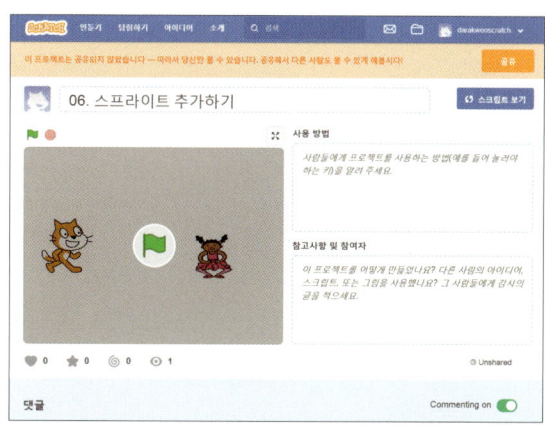

3장

스토리텔링

 **8일째** 다 같이 돌자 동네 한 바퀴

 **9일째** 스톱 모션 애니메이션

 **10일째** 애완 동물 찍찍이

 **11일째** 지구를 굴려 보자!

 **12일째** 스크래치 마법 학교

 **13일째** 연주 발표회

 **14일째** 오늘은 피카소

 **15일째** 나의 꿈, 나의 미래

8일째 다 같이 돌자 동네 한 바퀴

? 무엇을 배울까요?

- 스프라이트가 걷거나 뛰는 모습을 표현해 봅니다.
- 스프라이트가 무대를 벗어나지 않도록 만들어 봅니다.
- 무대의 배경을 바꿔서 스프라이트가 이동하는 상황을 연출해 봅니다.

완성 작품 미리 보기

고양이와 동네 한 바퀴를 돌아볼까요? 무대 위에서 고양이가 무대의 왼쪽과 오른쪽 끝으로 왔다 갔다 하는 모습을 만들어 봅시다!

 QR코드로 작품을 미리 볼 수 있습니다.

스프라이트/배경과 블록 살펴보기

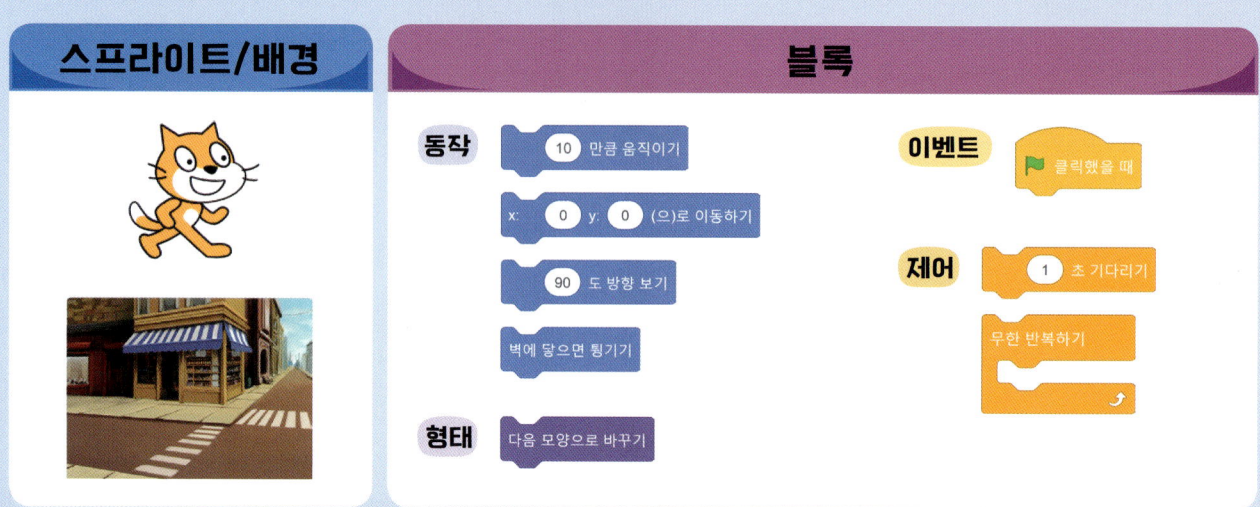

3장_스토리텔링

코딩 따라 하기

아래의 순서와 같이 5단계로 블록을 구성해 보자. ▶▶▶

1 시작하기

❶ 메뉴에서 [파일→새로 만들기]를 선택합니다.
❷ 새로운 화면이 시작됩니다.

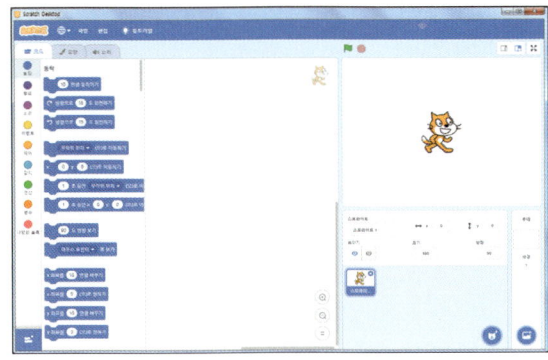

2 배경 추가하기

❶ 무대 목록의 [배경 고르기] 메뉴에서 [배경 고르기]를 클릭합니다.

❷ 배경 고르기에서 [urban]을 선택합니다.

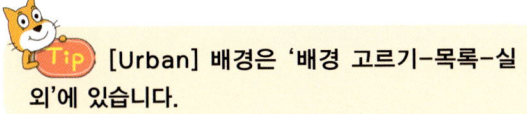

> Tip [Urban] 배경은 '배경 고르기-목록-실외'에 있습니다.

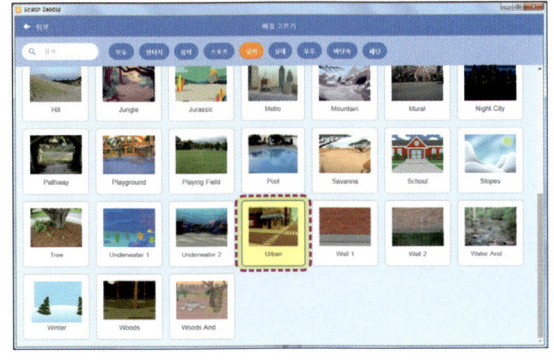

❸ [모양] 탭에서 기본 배경으로 설정되어 있는 [배경1]을 마우스 오른쪽 버튼으로 클릭하여 삭제합니다.

> Tip 기본 배경을 삭제하지 않아도 되지만, 필요 없는 경우에는 지우는 것이 좋습니다.

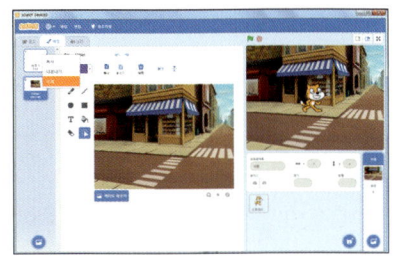

3 [고양이] 스프라이트의 처음 상태 구성하기

❶ 이벤트 블록의 `클릭했을 때` 블록을 스크립트 영역으로 끌어다 놓고, 처음 상태를 구성합니다.

❷ 동작 블록의 `x: 0 y: 0(으)로 이동하기` 블록을 연결하여 [고양이] 스프라이트의 위치를 설정합니다.

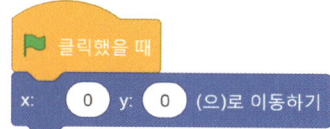

❸ `x: 0 y: 0(으)로 이동하기` 블록을 'x: −180, y: 0'으로 설정합니다.

- 무대 위의 [고양이] 스프라이트를 마우스로 끌어 위치를 움직이면, 동작 블록 좌표의 위칫값이 변하는데, 이를 사용하면 편리합니다.
- 스프라이트 영역에서 스프라이트의 현재 속성을 확인한 후, 그 정보를 이용해도 좋습니다.

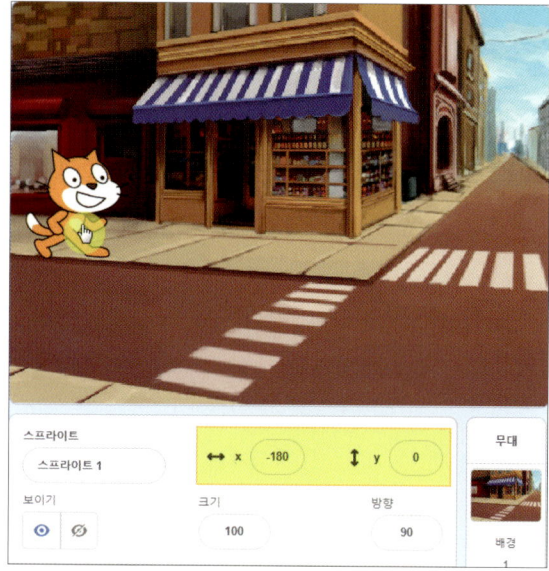

❹ 동작 블록의 `90도 방향 보기` 블록을 끌어다 연결하여 [고양이] 스프라이트의 방향을 설정합니다.

4 [고양이] 스프라이트의 움직임 구성하기

❶ 이벤트 블록의 `클릭했을 때` 블록을 스크립트 영역으로 끌어다 놓고, 움직임을 구성합니다.

❷ 제어 블록의 무한 반복하기 블록 안에 제어 블록의 1초 기다리기, 형태 블록의 다음 모양으로 바꾸기 블록을 넣은 후, 🏁 클릭했을 때 블록을 연결하여 [고양이] 스프라이트가 모양을 계속 변경할 수 있도록 구성합니다.

❸ 동작 블록의 10만큼 움직이기 블록을 추가하여 [고양이] 스프라이트가 걷거나 뛰는 모습으로 움직이도록 구성합니다.

> Tip 1초 기다리기 블록의 입력값을 '0.05'로 설정합니다.

❹ 마지막으로 동작 블록의 벽에 닿으면 튕기기 블록을 추가하여 [고양이] 스프라이트가 무대 밖으로 벗어나지 않도록 구성합니다.

5 테스트하여 완성하기

❶ 무대 왼쪽 위의 🏁을 클릭하여 프로젝트를 실행합니다.

❷ [고양이] 스프라이트가 0.05초마다 모습이 계속 바뀌면서 바라보는 방향으로 10만큼씩 움직입니다.

❸ 무대 양쪽의 경계에 닿으면 반대로 방향을 바꿔 계속해서 움직입니다.

전체코드 확인하기

다음은 완성된 스크래치 블록입니다. 무대 왼쪽 위의 🏁을 클릭하면, 2가지 일이 동시에 일어나도록 구성했습니다. **[고양이]** 스프라이트가 처음 위치에서 반복해서 이동하다가 무대의 양쪽 끝에 닿으면 방향을 바꿔 이동합니다.

프로젝트에서 사용한 블록의 전체 구성을 확인해 봅시다.

[고양이]
스프라이트의 처음 상태를 구성하는 블록

[고양이]
스프라이트의 움직임을 구성하는 블록

공유하기

스크래치 홈페이지의 [내 작업실] 메뉴를 이용하여 내가 만든 프로젝트를 공유합니다. 전 세계의 여러 친구와 함께 아이디어를 나눠 봅시다.

프로젝트의 이름은 [08. 다 같이 돌자 동네 한 바퀴.sb3]로 합니다.

1. 내 컴퓨터에 저장하기
[파일→컴퓨터에 저장하기]를 선택하여 내 컴퓨터에 저장합니다.

2. 홈페이지에 저장하기
온라인 에디터 메뉴의 [파일→저장하기]를 선택하여 스크래치 홈페이지에 저장합니다.

3. 프로젝트 공유하기
[내 작업실]의 [공유되지 않은 프로젝트]에 등록된 프로젝트를 선택하여 [사용 방법]과 [참고 사항 및 참여자]를 입력한 후에 공유합니다.

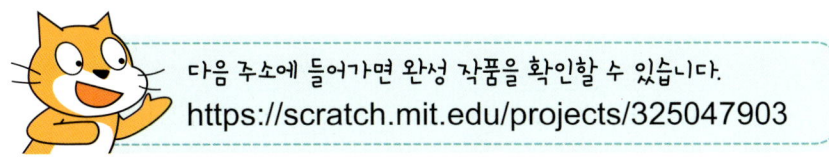

다음 주소에 들어가면 완성 작품을 확인할 수 있습니다.
https://scratch.mit.edu/projects/325047903

작품 속 코딩의 원리 한눈에 살펴보기

무대의 좌표

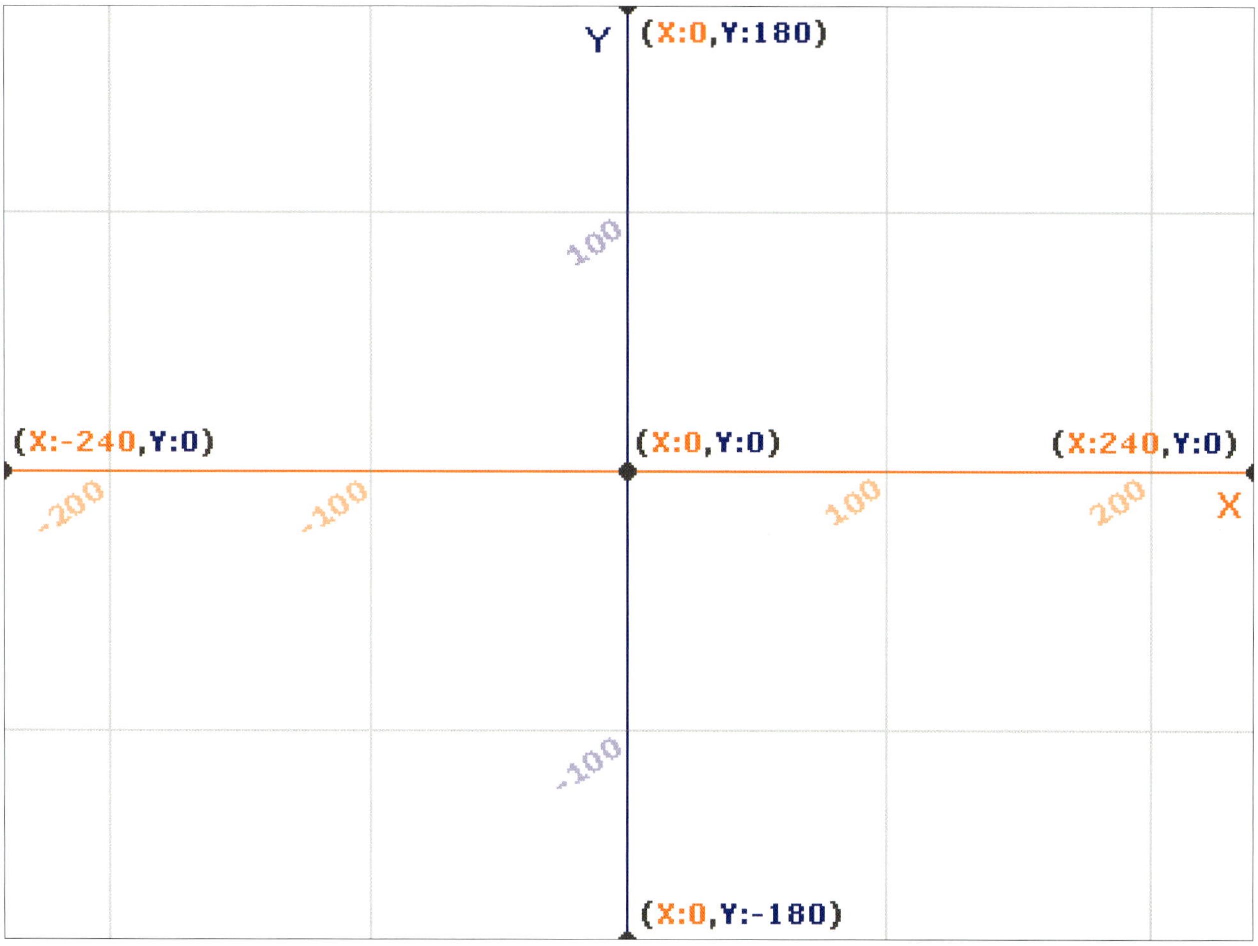

무대는 가운데를 중심으로 가로 **X**축과 세로 **Y**축으로 나누어져 있으며, 좌표로 표현하면 (*x*, *y*)입니다. **X**축과 **Y**축이 동시에 지나가는 지점을 원점이라고 하며, 좌표로 표현하면 (0, 0)입니다.

전체 무대의 크기는 가로 480, 세로 360입니다. 픽셀(pixel)*로 표현하면 무대는 480×360픽셀의 범위를 갖는다고 할 수 있습니다.

> **힌트**
>
> **픽셀(Pixel)** 화면을 구성하는 기본 단위로 보통 모니터의 해상도를 표시할 때 사용합니다. 픽셀은 cm나 kg처럼 어디에서 측정하여도 동일한 값을 갖는 절대적인 크기가 아니라 모니터의 크기와 해상도에 따라 그 크기가 달라질 수 있는 상대적인 크기의 단위로, 4각형 모양의 점이라고 생각할 수 있습니다. 예를 들어 모니터의 해상도가 1280x1024라면 가로로 픽셀의 개수가 1280개, 세로로 1024개를 표시할 수 있는 모니터라는 의미입니다. 해상도가 높을수록 깨끗한 화면을 보여 줍니다.

연습 문제 도전하기

정답 186쪽 ▶▶▶

사람 스프라이트가 오른쪽으로 걸어가다가 무대 벽에 닿으면, 다른 공간으로 이동하는 상황을 만들어 볼까요?

 문제
다음 블록들을 참고하여 스프라이트가 공간을 이동하는 상황을 만들어 보세요.

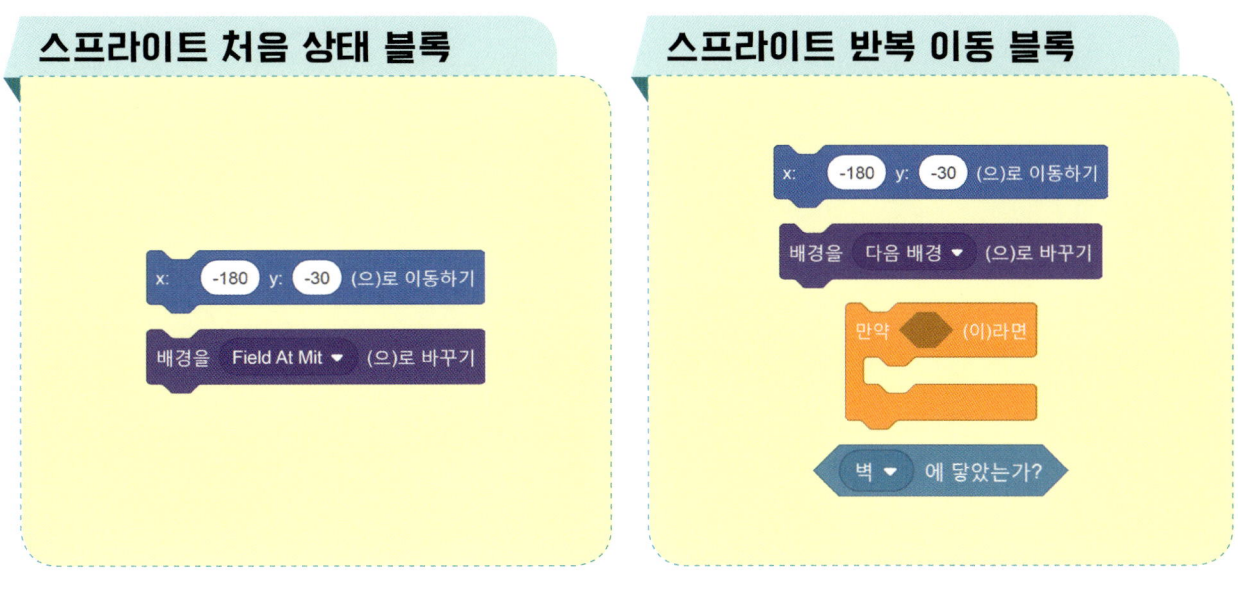

8일째_ 다 같이 돌자 동네 한 바퀴 67

9일째 스톱 모션 애니메이션

? 무엇을 배울까요?

- 스톱 모션 애니메이션을 만들어 봅니다.
- 스프라이트와 배경의 모양을 변경해 봅니다.
- 장면을 전환하는 것을 표현해 봅니다.

완성 작품 미리 보기

카운트다운(Countdown)을 표현하는 애니메이션을 만들어 볼까요? 무대 위에서 숫자가 1초마다 바뀌면서 3부터 0까지 카운트다운하는 장면을 만들어 봅시다!

QR코드로 작품을 미리 볼 수 있습니다.

스프라이트/배경과 블록 살펴보기

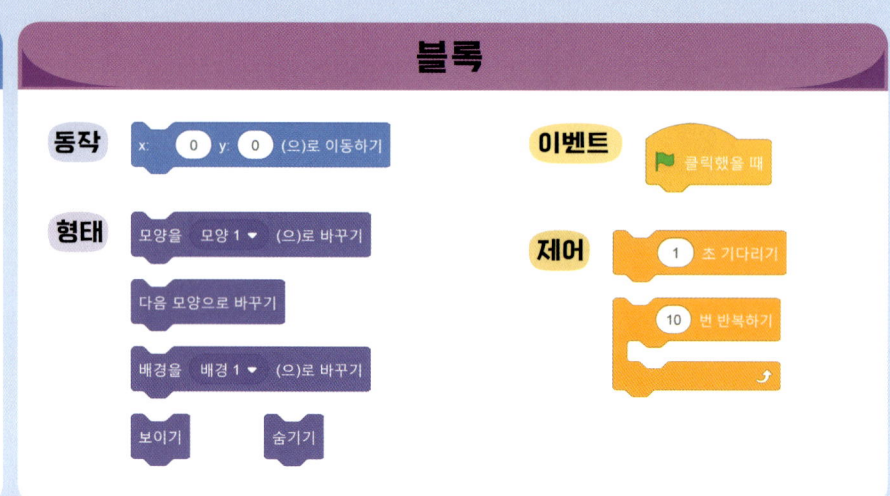

코딩 따라 하기

아래의 순서와 같이 6단계로 블록을 구성해 보자. ▶▶▶

1 시작하기

❶ 메뉴에서 [파일→새로 만들기]를 선택합니다.
❷ 새로운 화면이 시작됩니다.

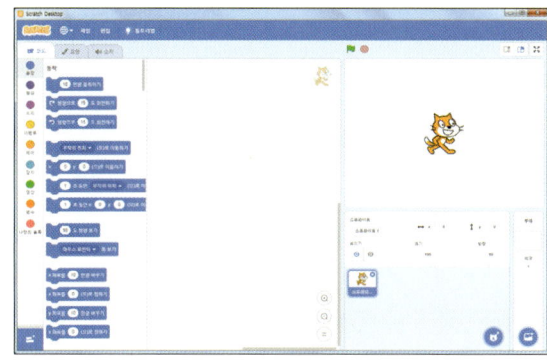

2 스프라이트 추가하기

❶ 스프라이트 목록의 [스프라이트 고르기] 메뉴에서 [그리기]를 클릭합니다.

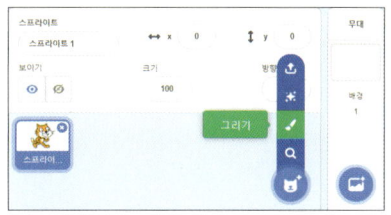

❷ [모양] 탭의 목록에 아무 모양이 없는 [모양 1] 스프라이트가 생깁니다.

❸ [모양] 탭의 [모양 고르기] 메뉴에서 [모양 고르기]를 클릭합니다.

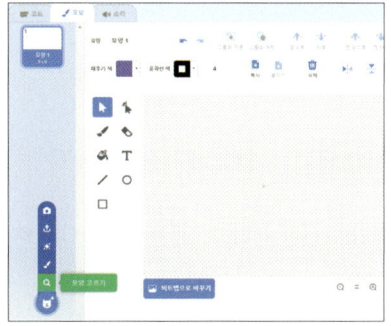

❹ 스프라이트 고르기에서 [Glow-0]부터 [Glow-3]까지의 숫자를 선택합니다.

- [Glow-0]~[Glow-3] 스프라이트는 '스프라이트 고르기-목록-모두'에 있습니다.
- 스크래치 2.0과 달리 스크래치 3.0 오프라인 에디터에서는 shift 키를 누른 상태에서 여러 개의 스프라이트를 한 번에 선택하는 기능을 제공하지 않습니다. 하나씩 4번을 반복합니다.

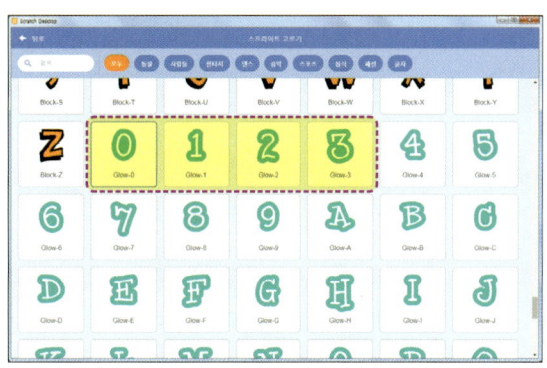

9일째_ 스톱 모션 애니메이션 69

❺ [모양] 탭의 목록에서 스프라이트를 3부터 0까지 순서대로 정렬하고, [모양1] 스프라이트를 삭제합니다.

❻ 스프라이트 목록의 기본 스프라이트인 [고양이] 스프라이트를 삭제합니다.

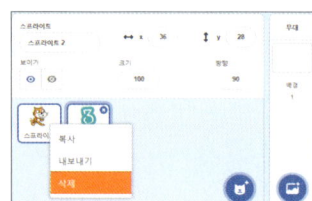

3 배경 추가하기

❶ 무대 목록의 [배경 고르기] 메뉴에서 [배경 고르기]를 클릭합니다.

❷ 배경 고르기에서 [Rays]와 [Spotlight]를 선택합니다.

- [Ray] 배경은 '배경 고르기-목록-패턴'에 있습니다.
- [Spotlight] 배경은 '배경 고르기-목록-모두'에 있습니다.

4 숫자 스프라이트의 처음 상태 구성하기

❶ 이벤트 블록의 `클릭했을 때` 블록을 스크립트 영역으로 끌어다 놓습니다.

❷ 형태 블록의 `보이기` 블록과 동작 블록의 `x: 0 y: 0(으)로 이동하기` 블록을 연결하여 숫자 스프라이트의 처음 위치를 설정합니다.

❸ 형태 블록의 `모양을 Glow-3▼(으)로 바꾸기`, `배경을 Rays▼(으)로 바꾸기` 블록을 순서대로 연결하여 스프라이트와 배경의 처음 상태를 설정합니다.

5 카운트다운 블록 구성하기

❶ 제어 블록의 `10번 반복하기` 블록 안에 제어 블록의 `1초 기다리기` 블록과 형태 블록의 `다음 모양으로 바꾸기` 블록을 연결합니다.

❷ 제어 블록의 `1초 기다리기`, 형태 블록의 `숨기기`, `배경을 Spotlight▼(으)로 바꾸기` 블록을 연결하여 카운트다운 후, 숫자 스프라이트를 숨기고 배경이 바뀌도록 설정합니다.

> **Tip** `10번 반복하기` 블록의 입력값을 '3'으로 설정합니다.

6 테스트하여 완성하기

❶ 무대 왼쪽 위의 🏁을 클릭하여 프로젝트를 실행합니다.

❷ 1초마다 숫자 스프라이트 모양이 3에서 0으로 바뀌면서 카운트다운 효과가 있는 애니메이션이 나타납니다.

❸ 카운트다운이 끝나면 배경이 무대 모양으로 바뀌면서 마무리됩니다.

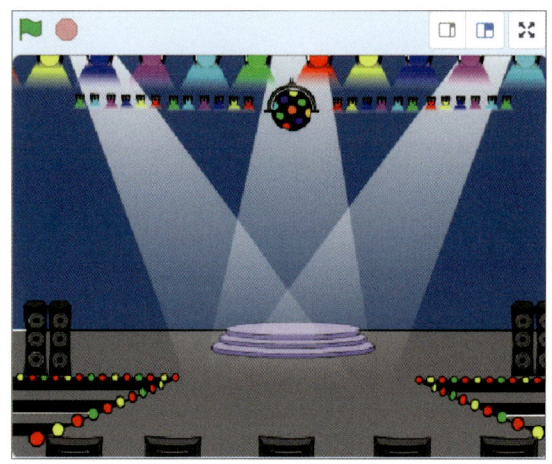

전체코드 확인하기

다음은 완성된 스크래치 블록입니다. 무대 왼쪽 위의 🏁을 클릭하면, 1초마다 숫자 스프라이트가 3부터 0까지 차례대로 모양을 변경하며 카운트다운을 진행합니다. 카운트다운이 끝나면 배경이 무대 모양으로 바뀌면서 애니메이션 효과가 멈춥니다.

프로젝트에서 사용한 블록의 전체 구성을 확인해 봅시다.

숫자 스프라이트를 구성하는 블록

공유하기

스크래치 홈페이지의 [내 작업실] 메뉴를 이용하여 내가 만든 프로젝트를 공유합니다. 전 세계의 여러 친구와 함께 아이디어를 나눠 봅시다.

프로젝트의 이름은 [09. 스톱 모션 애니메이션.sb3]로 합니다.

1. 내 컴퓨터에 저장하기
[파일→컴퓨터에 저장하기]를 선택하여 내 컴퓨터에 저장합니다.

2. 홈페이지에 저장하기
온라인 에디터 메뉴의 [파일→저장하기]를 선택하여 스크래치 홈페이지에 저장합니다.

3. 프로젝트 공유하기
[내 작업실]의 [공유되지 않은 프로젝트]에 등록된 프로젝트를 선택하여 [사용 방법]과 [참고 사항 및 참여자]를 입력한 후에 공유합니다.

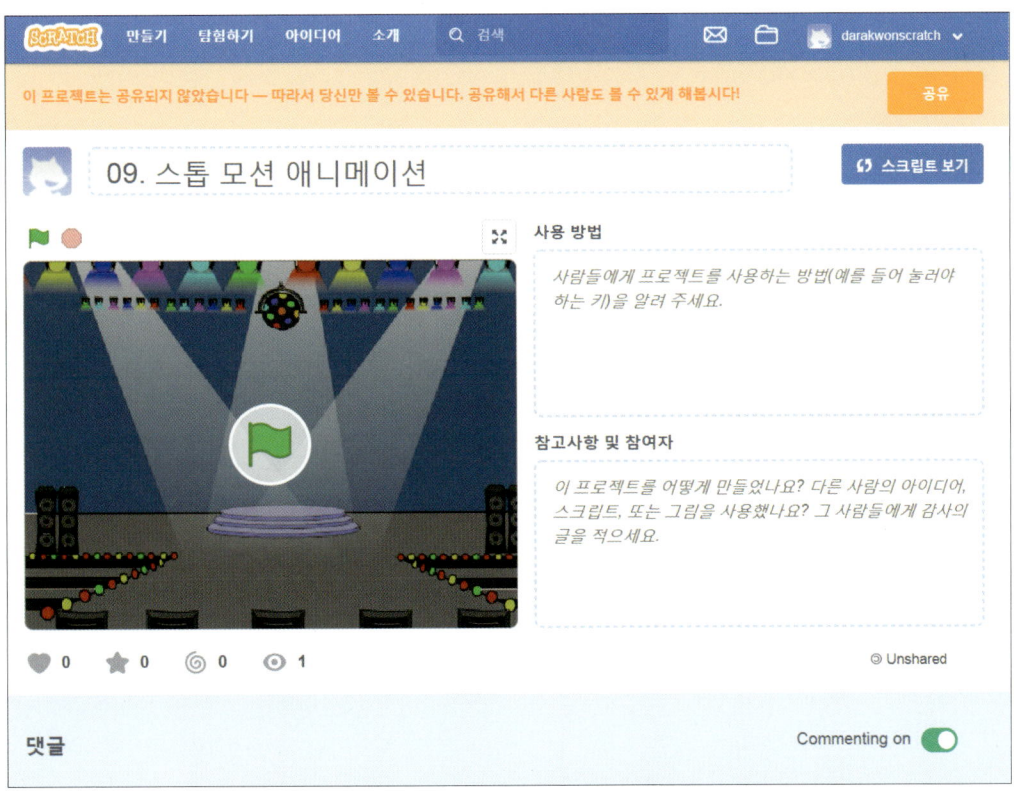

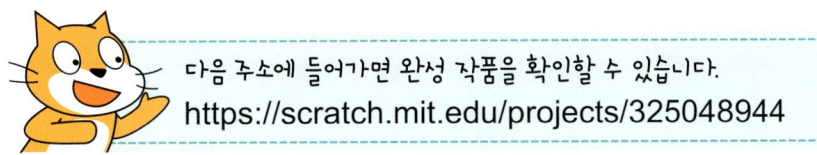

다음 주소에 들어가면 완성 작품을 확인할 수 있습니다.
https://scratch.mit.edu/projects/325048944

9일째_ 스톱 모션 애니메이션

작품 속 코딩의 원리 한눈에 살펴보기

스톱 모션 애니메이션(Stop Motion Animation)

정지하고 있는 물체를 한 프레임마다 조금씩 변화를 주어 촬영한 후, 이 이미지들이 연속적으로 보여주어 마치 움직이는 것처럼 보이게 만들어 내는 애니메이션 기법입니다. 예를 들어 염소가 뛰어가는 모습이 담긴 이미지들을 한 번에 연속적으로 보여주면 우리의 눈에서는 염소가 마치 뛰어가는 것처럼 보이는 것을 알 수 있습니다.

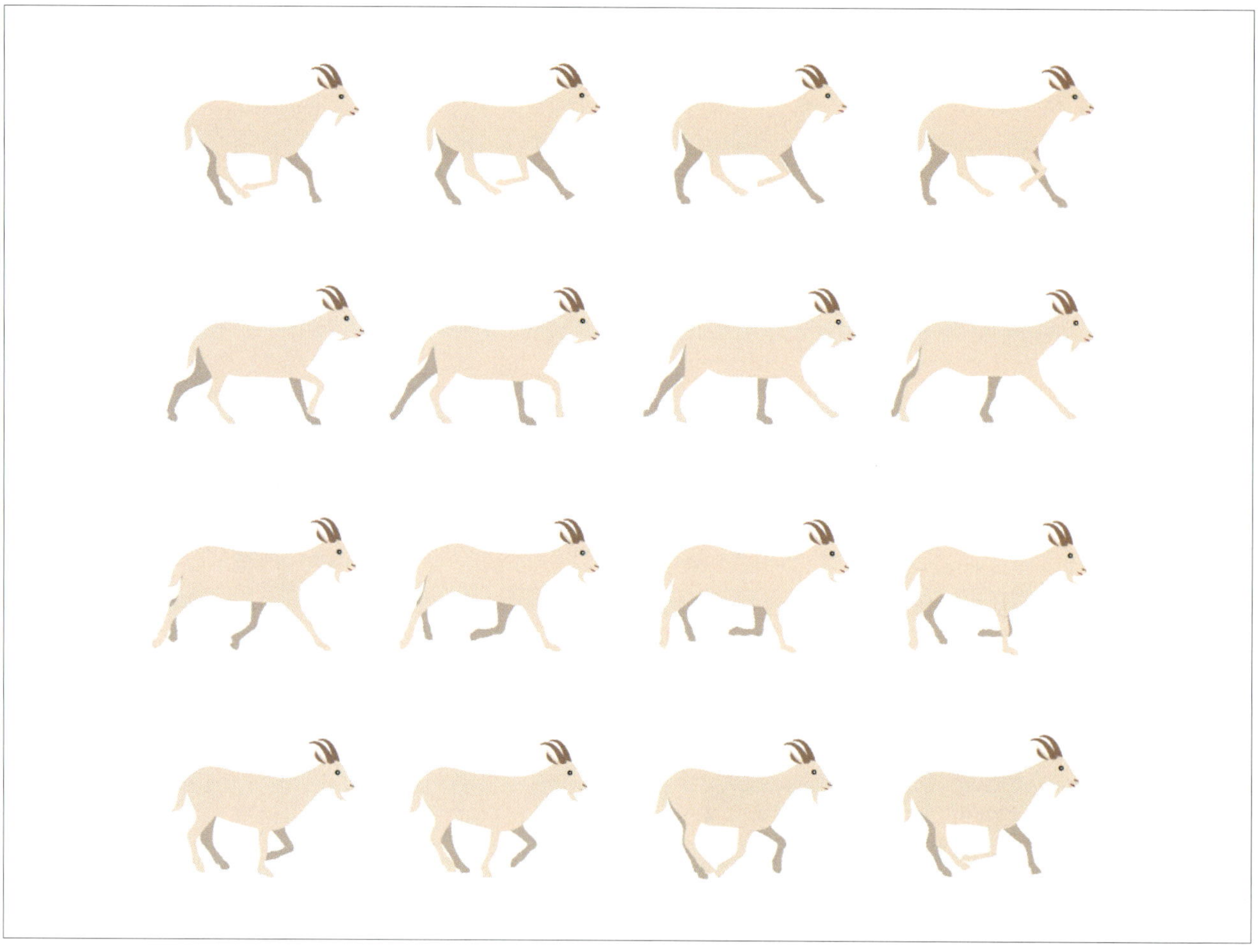

> **Tip** 유튜브 사이트(www.youtube.com)에서 'stop motion animation', 'stop image animation'을 검색하면 다양한 자료를 볼 수 있습니다.

연습 문제 도전하기

정답 187쪽 ▶▶▶

사람 스프라이트가 무대 위에서 춤추는 모습을 상상하여 만들어 볼까요?

다음 블록들을 조합하여 앞에서 만든 프로젝트와 장면이 연결되도록 만들어 보세요.

스프라이트

[Anina Dance]

Tip [Anina Dance] 스프라이트는 '스프라이트 고르기-목록-댄스'에 있습니다.

[카운트다운] 스프라이트 블록

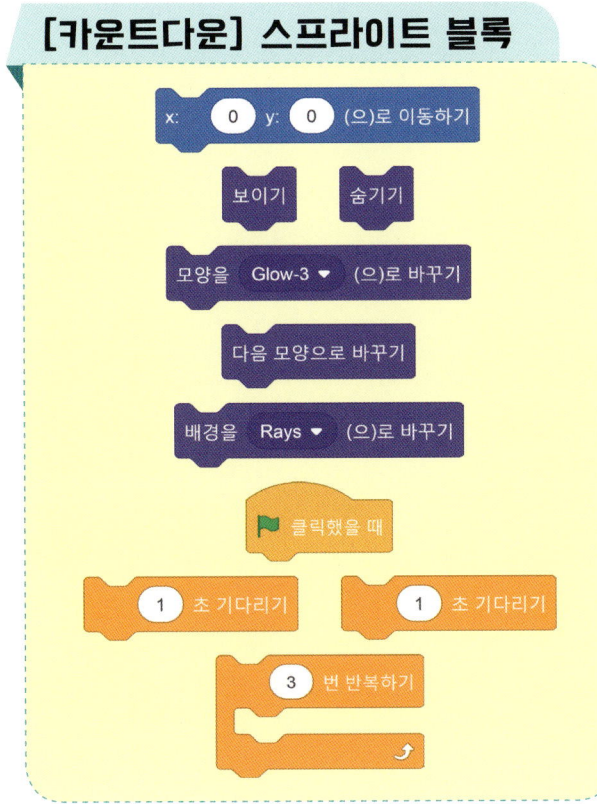

[Anina Dance] 스프라이트 블록

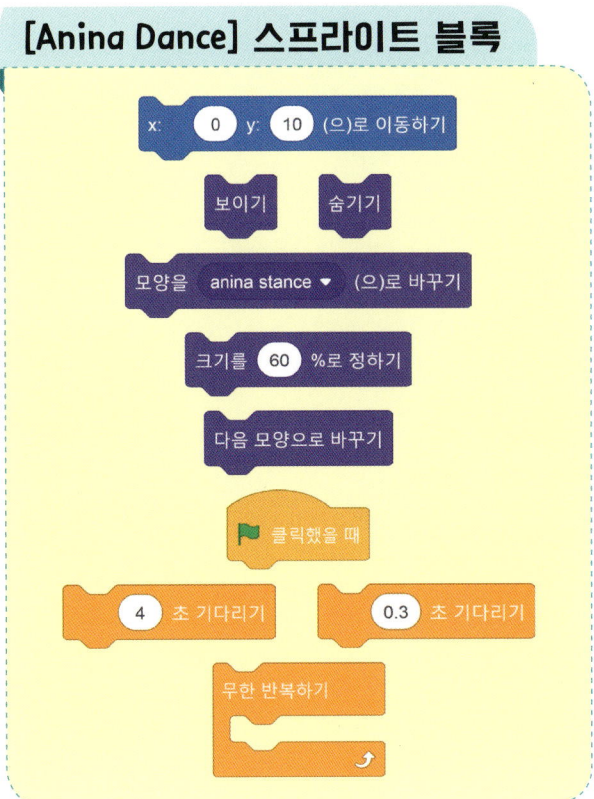

9일째_ 스톱 모션 애니메이션 75

10일째 애완 로봇 찍찍이

? 무엇을 배울까요?

- 키보드의 화살표 키를 이용하여 키보드 이벤트를 구성해 봅니다.
- 키보드의 화살표 키를 이용하여 스프라이트를 움직여 봅니다.
- 마우스로 스프라이트를 움직여 봅니다.

완성 작품 미리 보기

키보드의 화살표 키를 사용하여 애완 로봇 찍찍이를 움직여 볼까요? 키보드의 화살표 키를 누르면 무대 위에서 찍찍이가 계속 움직이고, 누르지 않으면 가만히 멈춰 있도록 구성해 봅시다!

QR코드로 작품을
미리 볼 수 있습니다.

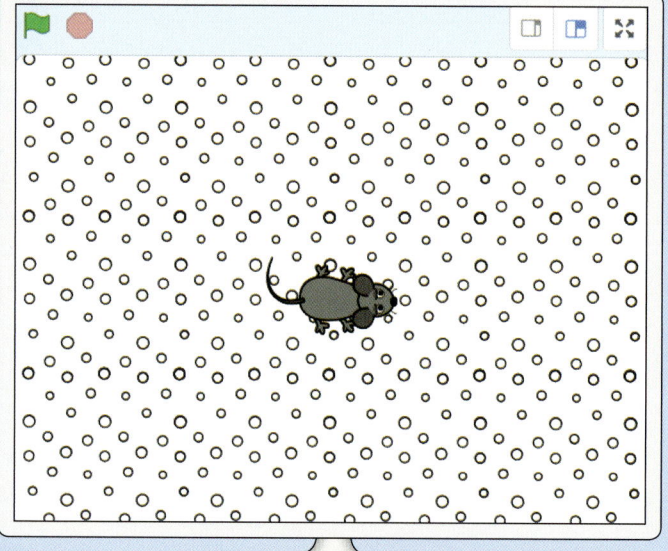

스프라이트/배경과 블록 살펴보기

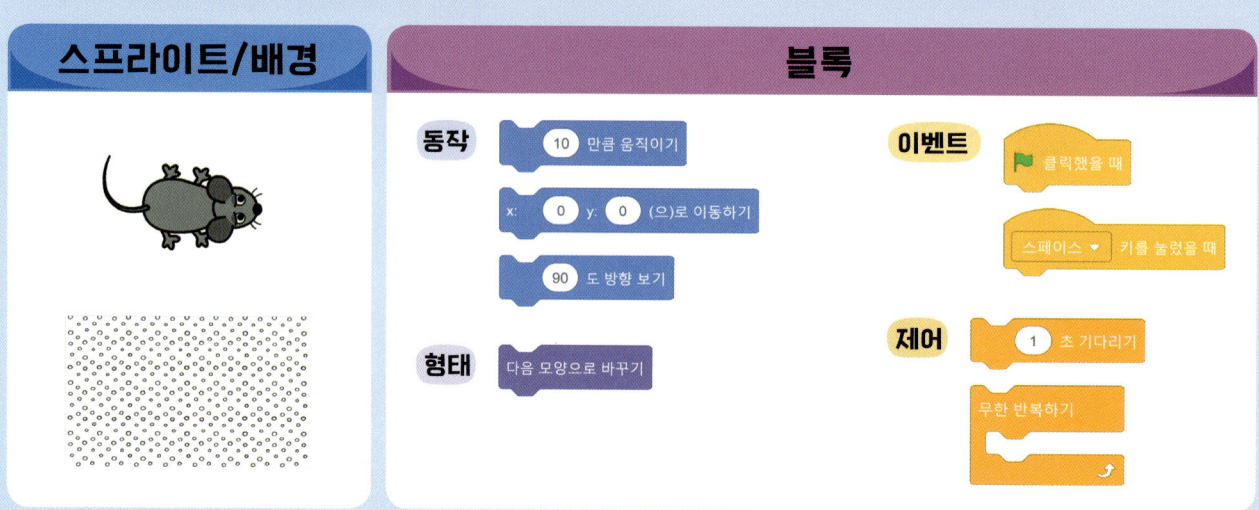

코딩 따라 하기

아래의 순서와 같이 6단계로 블록을 구성해 보자. ▶▶▶

1 시작하기

❶ 메뉴에서 [파일→새로 만들기]를 선택합니다.
❷ 새로운 화면이 시작됩니다.

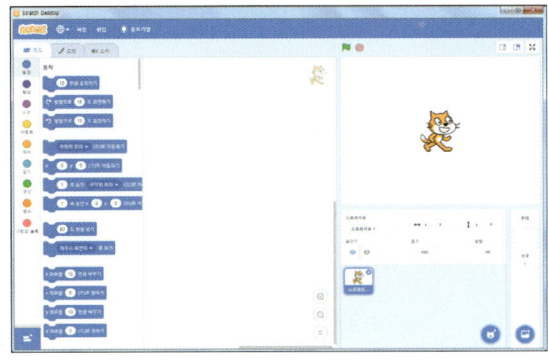

2 스프라이트 추가하기

❶ 스프라이트 목록의 [스프라이트 고르기] 메뉴에서 [스프라이트 고르기]를 클릭합니다.

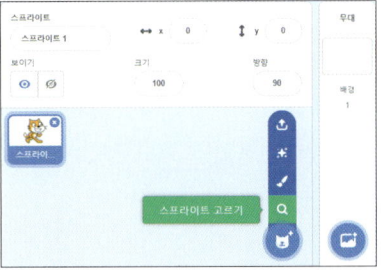

❷ 스프라이트 고르기에서 [Mouse1]을 선택합니다.

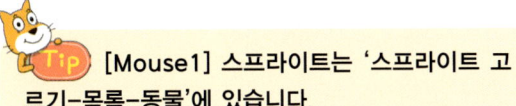
[Mouse1] 스프라이트는 '스프라이트 고르기-목록-동물'에 있습니다.

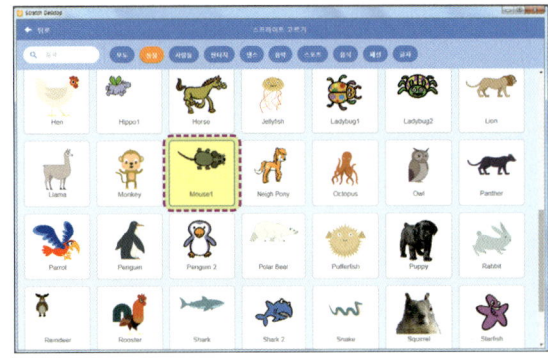

❸ 스프라이트 목록의 기본 스프라이트인 [고양이] 스프라이트를 삭제하고, [Mouse1] 스프라이트만 남겨둡니다.

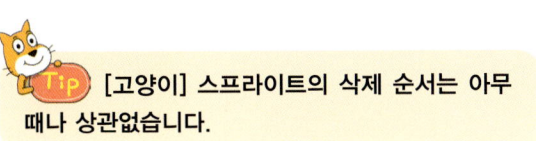
[고양이] 스프라이트의 삭제 순서는 아무 때나 상관없습니다.

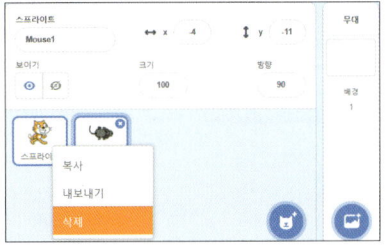

10일째_ 애완 로봇 찍찍이 77

3 배경 추가하기

❶ 무대 목록의 [배경 고르기] 메뉴에서 [배경 고르기]를 클릭합니다.

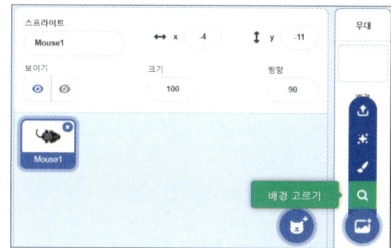

❷ 배경 고르기에서 [Circles]을 선택합니다.

> Tip [Circles] 배경은 '배경 고르기-목록-패턴'에 있습니다.

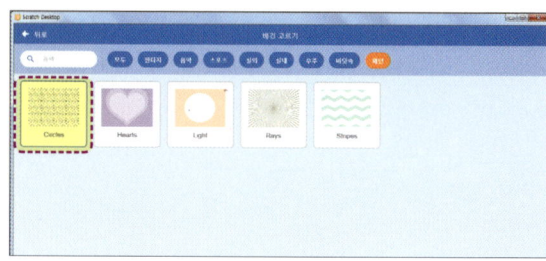

4 [Mouse1] 스프라이트의 처음 상태 구성하기

❶ 이벤트 블록의 `클릭했을 때` 블록을 스크립트 영역으로 끌어다 놓습니다.

❷ 동작 블록의 `x: 0 y: 0(으)로 이동하기`, `90도 방향 보기` 블록을 연결하여 [Mouse1] 스프라이트의 위치와 방향을 설정합니다.

❸ 이벤트 블록의 `클릭했을 때` 블록을 스크립트 영역으로 끌어다 놓습니다.

❹ 제어 블록의 `무한 반복하기` 블록을 연결한 후, 안에 제어 블록의 `1초 기다리기`, 형태 블록의 `다음 모양으로 바꾸기` 블록을 연결합니다.

> Tip `1초 기다리기` 블록의 입력값을 '0.05'로 설정합니다.

5 [Mouse1] 스프라이트의 키보드 이벤트 구성하기

❶ 이벤트 블록의 스페이스▼ 키를 눌렀을 때 블록을 가져온 후, '▼'를 눌러 선택 상자에서 '위쪽 화살표'를 선택합니다.

❷ 동작 블록의 0도 방향 보기 와 10만큼 움직이기 블록을 연결합니다.

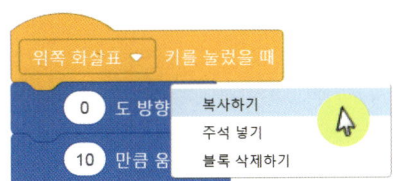

> **Tip** 비슷한 모양을 갖는 블록을 구성할 때는 먼저 하나를 완성한 후, 블록 모둠 위에서 마우스의 오른쪽 버튼을 클릭하여 [복사하기]로 해당 블록 모둠을 복사하여 사용합니다.

❸ 키보드 화살표 키를 누르면 [Mouse1] 스프라이트가 화살표의 해당 방향으로 10만큼 움직이도록 4개의 블록을 구성합니다.

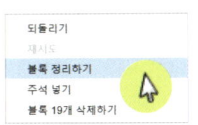

> **Tip**
> - 0도는 위쪽, 180도는 아래쪽, -90도는 왼쪽, 90도는 오른쪽을 의미합니다.
> - 블록 모둠이 많으면 스크립트 영역 위에서 마우스 오른쪽 버튼을 클릭하여 [블록 정리하기]를 선택합니다.

6 테스트하여 완성하기

❶ 무대 왼쪽 위의 🚩을 클릭하여 프로젝트를 실행합니다.

❷ [Mouse1] 스프라이트가 0.05초마다 모습을 바꾸면서 계속해서 움직입니다.

❸ 키보드의 화살표 키를 누르면 [Mouse1] 스프라이트가 해당 방향으로 머리 돌린 후, 계속해서 움직입니다.

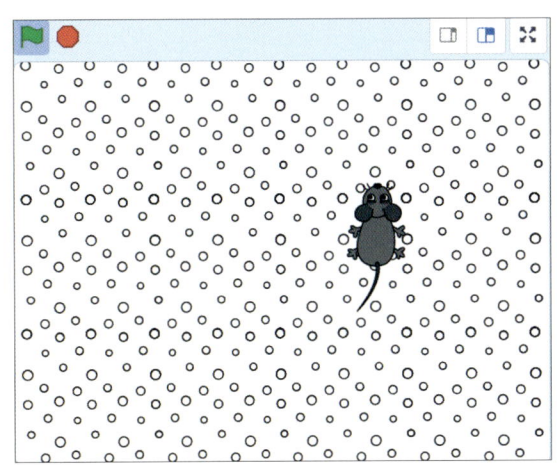

전체코드 확인하기

다음은 완성된 스크래치 블록입니다. 무대 왼쪽 위의 🏁을 클릭하면, [Mouse1] 스프라이트가 0.05초마다 모습을 변경하여 움직입니다. 또한, 키보드의 화살표 키 중에서 내가 원하는 화살표 키를 누르면 [Mouse1] 스프라이트의 진행 방향이 바뀌면서 움직이도록 구성했습니다.

프로젝트에서 사용한 블록의 전체 구성을 확인해 봅시다.

[Mouse1]
스프라이트의 처음 상태를 구성하는 블록

[Mouse1]
스프라이트의 키보드 이벤트를 구성하는 블록

공유하기

스크래치 홈페이지의 [내 작업실] 메뉴를 이용하여 내가 만든 프로젝트를 공유합니다. 전 세계의 여러 친구와 함께 아이디어를 나눠 봅시다.

프로젝트의 이름은 [10. 애완 로봇 찍찍이.sb3]로 합니다.

1. 내 컴퓨터에 저장하기
[파일→컴퓨터에 저장하기]를 선택하여 내 컴퓨터에 저장합니다.

2. 홈페이지에 저장하기
온라인 에디터 메뉴의 [파일→저장하기]를 선택하여 스크래치 홈페이지에 저장합니다.

3. 프로젝트 공유하기
[내 작업실]의 [공유되지 않은 프로젝트]에 등록된 프로젝트를 선택하여 [사용 방법]과 [참고 사항 및 참여자]를 입력한 후에 공유합니다.

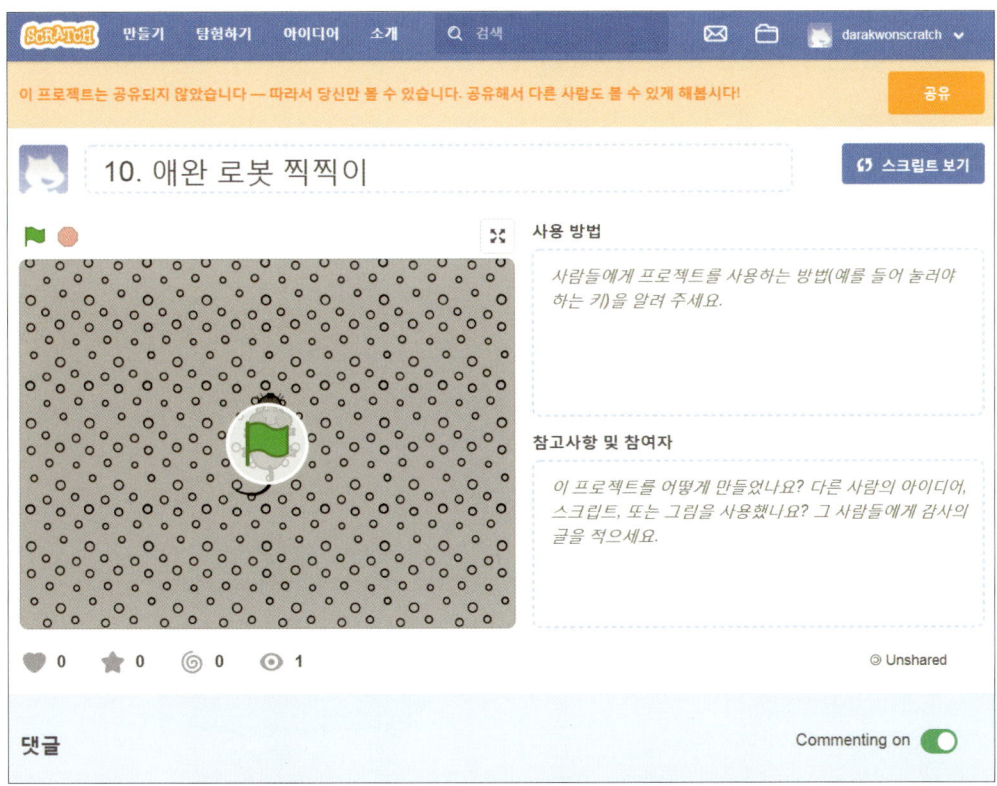

다음 주소에 들어가면 완성 작품을 확인할 수 있습니다.
https://scratch.mit.edu/projects/325049970

작품 속 코딩의 원리 한눈에 살펴보기

키보드 이벤트

이벤트 블록의 스페이스▼ 키를 눌렀을 때 블록의 '▼'를 클릭하면 선택 상자가 나옵니다. 선택 상자의 스페이스, 화살표, 그리고 알파벳과 숫자 키 중에서 이벤트의 시작 신호에 해당하는 키를 선택할 수 있습니다.

키보드의 해당키를 클릭하면 이벤트가 발생 실행되기로 한 내용이 수행되는데, 이를 콜백(Callback) 함수 또는, 이벤트 핸들러(Event Handler)라고 합니다. 이는 컴퓨터가 이벤트를 발생하게 하는 조건과 실행할 내용을 기억했다가 그 조건이 발생하면 미리 약속한 이벤트 내용이 수행하도록 작동하는 것을 의미합니다.

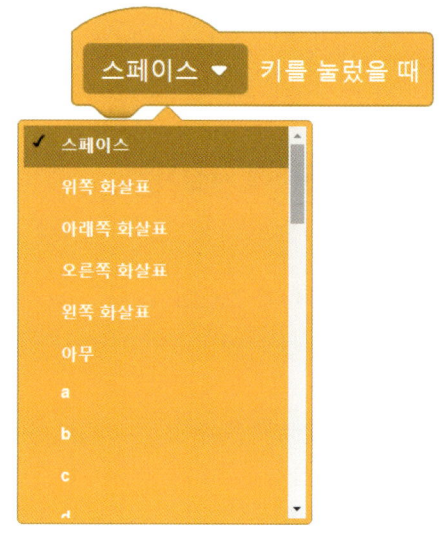

방향

스프라이트의 방향을 설정할 때에는 스프라이트 모양에 대한 방향과 이동하는 방향을 나누어서 생각해야 합니다. 보통 스프라이트의 모양은 오른쪽을 바라보는 형태로 만들어져 있습니다. 그러므로 오른쪽을 90도, 아래쪽을 180도, 왼쪽을 -90도, 그리고 위쪽을 0도로 설정합니다.

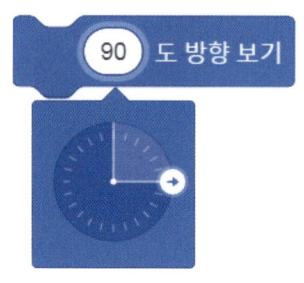

연습 문제 도전하기

정답 188쪽 ▶▶▶

애완 로봇 찍찍이가 맛있는 도넛을 먹을 수 있을까요?

다음 블록들을 조합하여 찍찍이가 움직이는 도넛을 따라다니도록 만들어 보세요.

스프라이트

[Donut]

Tip [Donut] 스프라이트는 '스프라이트 고르기-목록-음식'에 있습니다.

[Mouse1] 스프라이트 블록

- 10 만큼 움직이기
- 90 도 방향 보기
- 마우스 포인터 ▼ 쪽 보기
- x: 0 y: 0 (으)로 이동하기
- 다음 모양으로 바꾸기
- ▶ 클릭했을 때
- ▶ 클릭했을 때
- 0.05 초 기다리기
- 무한 반복하기

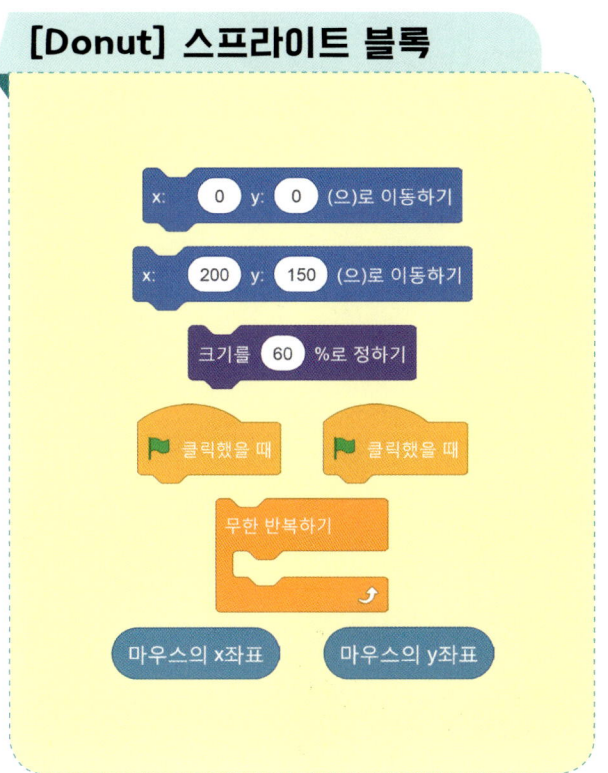

[Donut] 스프라이트 블록

- x: 0 y: 0 (으)로 이동하기
- x: 200 y: 150 (으)로 이동하기
- 크기를 60 %로 정하기
- ▶ 클릭했을 때
- ▶ 클릭했을 때
- 무한 반복하기
- 마우스의 x좌표
- 마우스의 y좌표

10일째_ 애완 로봇 찍찍이 83

11일째 지구를 굴려 보자!

? 무엇을 배울까요?

- 키보드의 화살표 키를 이용하여 스프라이트를 움직여 봅니다.
- 스프라이트를 굴리는 효과를 표현해 봅니다.
- 화면 끝에 다다른 스프라이트를 반대 방향으로 튕기도록 만들어 봅니다.

완성 작품 미리 보기

키보드의 왼쪽과 오른쪽의 화살표 키를 이용하여 지구를 굴려 볼까요? 또한, 스프라이트가 화면 끝에 도착하면 방향을 반대로 바꾸도록 하여 계속 움직일 수 있도록 만들어 봅시다!

 QR코드로 작품을 미리 볼 수 있습니다.

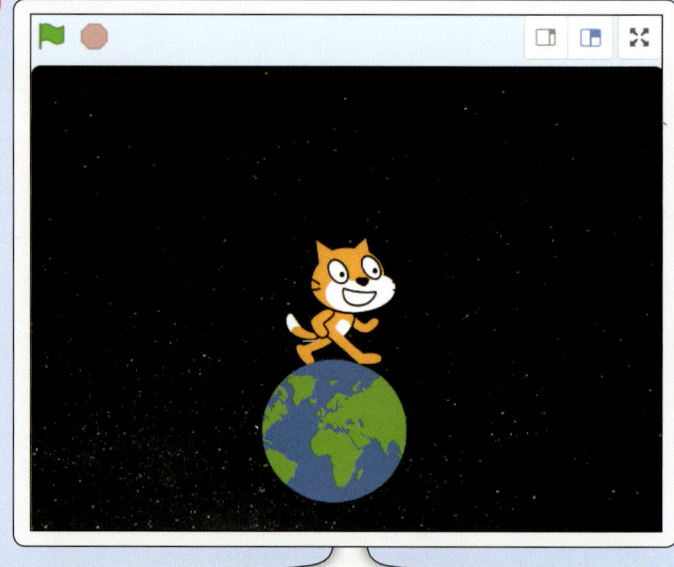

스프라이트/배경과 블록 살펴보기

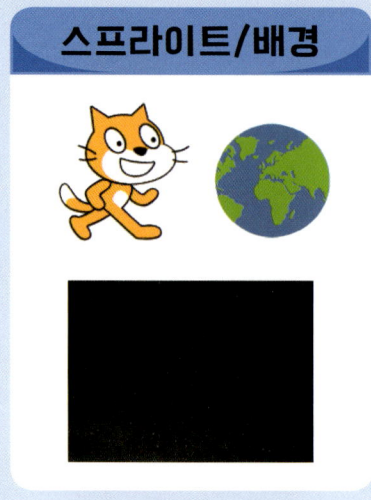

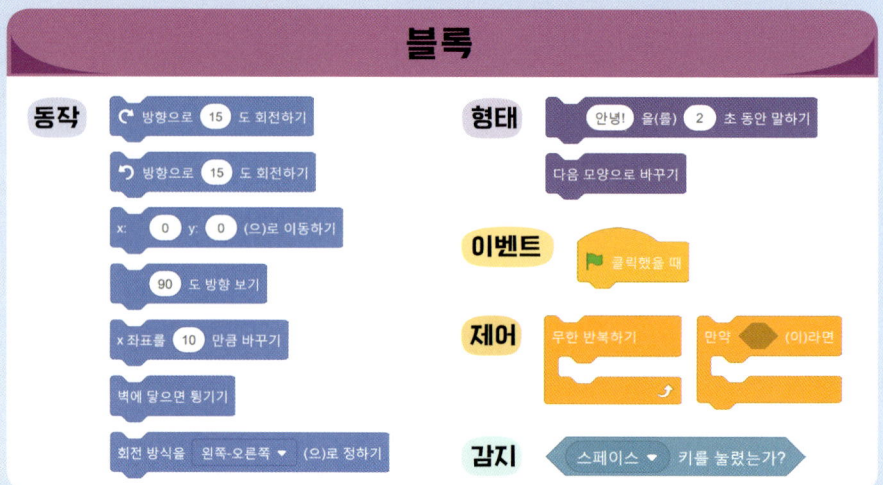

84 3장_스토리텔링

코딩 따라 하기

아래의 순서와 같이 6단계로 블록을 구성해 보자. ▶▶▶

1 시작하기

① 메뉴에서 [파일→새로 만들기]를 선택합니다.
② 새로운 화면이 시작됩니다.

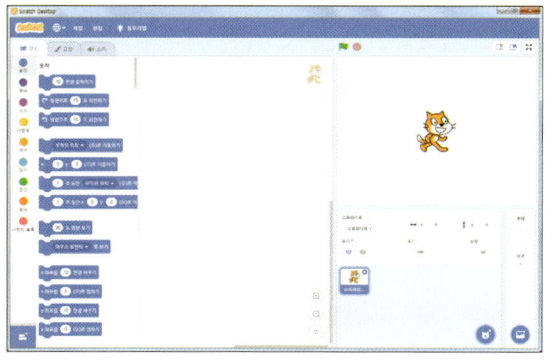

2 배경 추가하기

① 무대 목록의 [배경 고르기] 메뉴에서 [배경 고르기]를 클릭합니다.

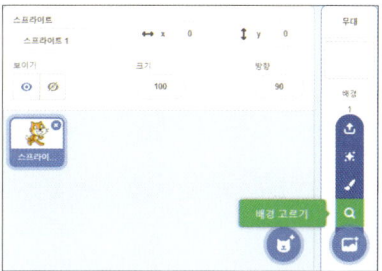

② 배경 고르기에서 [Stars]를 선택합니다.

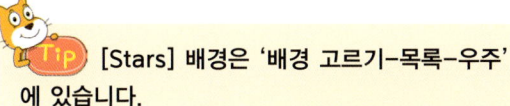
[Stars] 배경은 '배경 고르기-목록-우주'에 있습니다.

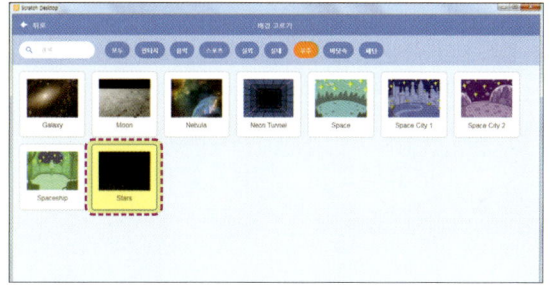

③ [모양] 탭에서 기본 배경으로 설정되어있는 [배경1]을 마우스 오른쪽 버튼으로 클릭하여 삭제합니다.

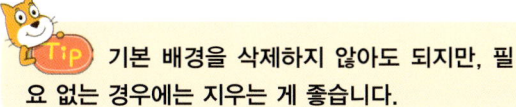
기본 배경을 삭제하지 않아도 되지만, 필요 없는 경우에는 지우는 게 좋습니다.

3 스프라이트 추가하기

❶ 스프라이트 목록의 **[스프라이트 고르기]** 메뉴에서 **[스프라이트 고르기]**를 클릭합니다.

❷ 스프라이트 고르기에서 **[Earth]**를 선택합니다.

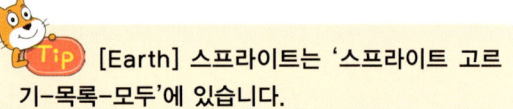
[Earth] 스프라이트는 '스프라이트 고르기-목록-모두'에 있습니다.

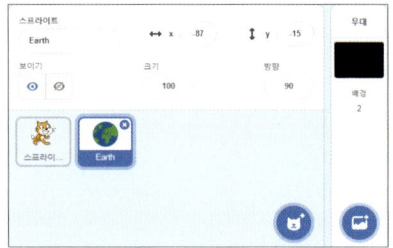

4 [고양이] 스프라이트 블록 구성하기

❶ 이벤트 블록의 클릭했을 때 블록을 스크립트 영역으로 끌어다 놓습니다.

❷ 동작 블록의 `x: 0 y: 0(으)로 이동하기` 블록을 연결하여 **[고양이]** 스프라이트의 처음 위치를 설정하고, 오른쪽과 왼쪽 화살표 키에 따라 움직일 수 있도록 동작 블록의 `90도 방향 보기`, `회전 방식을 왼쪽-오른쪽 ▼(으)로 정하기` 블록을 연결합니다.

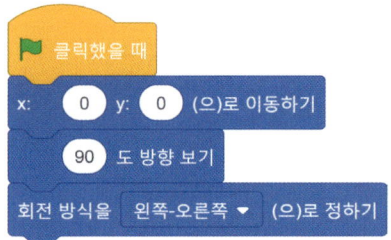

❸ 형태 블록의 `~을(를) 2초 동안 말하기` 블록을 끌어다 연결한 후, 빈칸에 '왼쪽 또는 오른쪽 화살표 키를 눌러서 지구를 굴려 볼까요?'를 써넣습니다.

❹ 이벤트 블록의 `클릭했을 때` 블록을 스크립트 영역에 끌어다 놓고, 화살표 키가 눌리는 것을 계속 관찰하기 위하여 제어 블록의 `무한 반복하기` 블록을 연결합니다.

❺ 제어 블록의 `만약 ~(이)라면` 블록을 스크립트 영역으로 끌어다 놓고, 감지 블록의 `스페이스 ▼ 키를 눌렀는가?` 블록을 `만약 ~(이)라면` 블록의 입력값에 넣습니다.

> Tip `스페이스▼ 키를 눌렀는가?` 블록의 '▼'를 누른 후, 선택 상자에서 '오른쪽 화살표'를 선택합니다.

❻ [고양이] 스프라이트가 오른쪽과 왼쪽 화살표 키에 따라 움직일 수 있도록 형태 블록의 `다음 모양으로 바꾸기` 블록과 동작 블록의 `x좌표를 10만큼 바꾸기` 블록을 끌어다 연결하여 두 개의 블록 모둠을 구성합니다.

> Tip `x좌표를 10만큼 바꾸기` 블록의 입력값에 '10'과 '-10'을 넣어 x좌표를 변경하여 이동할 수 있도록 설정합니다.

❼ 마지막으로 동작 블록의 `벽에 닿으면 튕기기` 블록을 연결하여 [고양이] 스프라이트가 벽에 닿으면 반대 방향으로 움직이도록 합니다.

11일째_ **지구를 굴려 보자!** 87

5 [Earth] 스프라이트 블록 구성하기

❶ 이벤트 블록의 `클릭했을 때` 블록을 스크립트 영역으로 끌어다 놓습니다.

❷ 동작 블록의 `x: 0 y: 0(으)로 이동하기` 블록을 연결하여 [Earth] 스프라이트의 처음 위치를 설정합니다.

> Tip: 'x : –10, y : –100'으로 설정합니다.

❸ 이벤트 블록의 `클릭했을 때` 블록을 스크립트 영역에 끌어다 놓습니다.

❹ 제어 블록의 `무한 반복하기` 블록을 연결하여 화살표 키가 눌리는 것을 계속 관찰합니다.

❺ 제어 블록의 `만약 ~(이)라면` 블록을 스크립트 영역으로 끌어다 놓고, 감지 블록의 `스페이스▼ 키를 눌렀는가?` 블록을 `만약 ~(이)라면` 블록의 입력값에 넣습니다.

> Tip: `스페이스▼ 키를 눌렀는가?` 블록의 '▼'를 눌러 선택 상자에서 '오른쪽 화살표'를 선택합니다.

❻ [Earth] 스프라이트가 오른쪽과 왼쪽 화살표 키에 따라 움직일 수 있도록 동작 블록의 `방향으로 15도 회전하기`, `방향으로 15도 회전하기`, `x좌표를 10만큼 바꾸기` 블록을 끌어다 연결하여 2개의 블록 모둠을 구성합니다.

> Tip `x좌표를 10만큼 바꾸기` 블록의 입력값에 '10'과 '-10'을 넣어 x좌표를 변경하며 이동할 수 있도록 설정합니다.

❼ 마지막으로 동작 블록의 `벽에 닿으면 튕기기` 블록을 추가하여 [Earth] 스프라이트가 벽에 닿으면 반대 방향으로 움직이도록 합니다.

6 테스트하여 완성하기

❶ 무대 왼쪽 위의 🏁을 클릭하여 프로젝트를 실행합니다.

❷ [고양이]와 [Earth] 스프라이트가 처음 위치로 이동하고, 사용 안내가 말풍선 형태로 2초 동안 나타납니다.

❸ 왼쪽 또는 오른쪽 화살표 키를 눌러 [고양이]와 [Earth] 스프라이트를 움직여 봅니다.

11일째_ 지구를 굴려 보자!

전체코드 확인하기

다음은 완성된 스크래치 블록입니다. 무대 왼쪽 위의 🏁을 클릭하면, 3가지 일이 동시에 일어나도록 구성했습니다. **[고양이]** 스프라이트가 프로젝트의 동작 안내를 말한 후, 키보드의 화살표 키를 누르면 **[Earth]** 스프라이트와 함께 이동합니다. 또한, 두 스프라이트가 무대의 양쪽 끝에 닿으면 방향을 바꿔 이동합니다.

프로젝트에서 사용한 블록의 전체 구성을 확인해 봅시다.

[고양이]
스프라이트를 구성하는 블록

[Earth]
스프라이트를 구성하는 블록

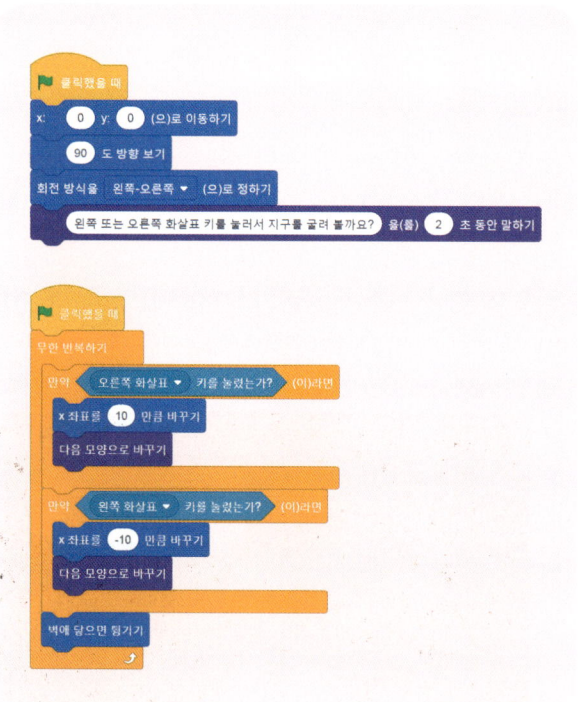

공유하기

스크래치 홈페이지의 **[내 작업실]** 메뉴를 이용하여 내가 만든 프로젝트를 공유합니다. 전 세계의 여러 친구와 함께 아이디어를 나눠 봅시다.

프로젝트의 이름은 **[11. 지구를 굴려 보자!.sb3]**로 합니다.

1. 내 컴퓨터에 저장하기
[파일→컴퓨터에 저장하기]를 선택하여 내 컴퓨터에 저장합니다.

2. 홈페이지에 저장하기
온라인 에디터 메뉴의 [파일→저장하기]를 선택하여 스크래치 홈페이지에 저장합니다.

3. 프로젝트 공유하기
[내 작업실]의 [공유되지 않은 프로젝트]에 등록된 프로젝트를 선택하여 [사용 방법]과 [참고 사항 및 참여자]를 입력한 후에 공유합니다.

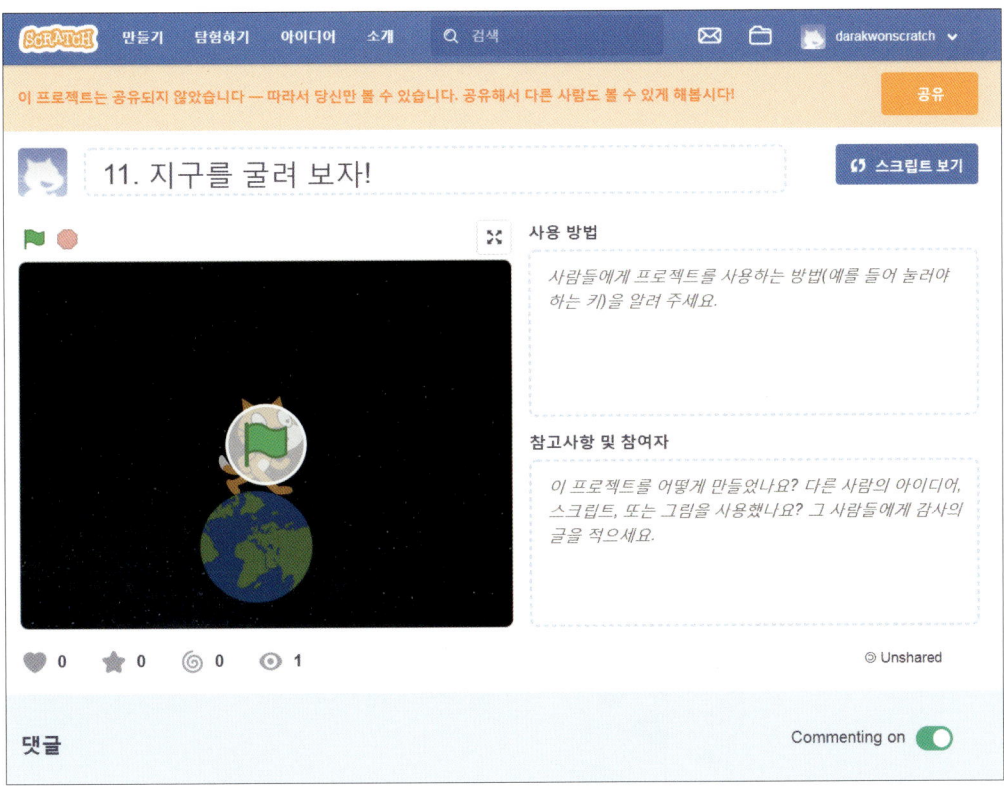

다음 주소에 들어가면 완성 작품을 확인할 수 있습니다.
https://scratch.mit.edu/projects/325051627

작품 속 코딩의 원리 한눈에 살펴보기

벽에 닿으면 튕기기

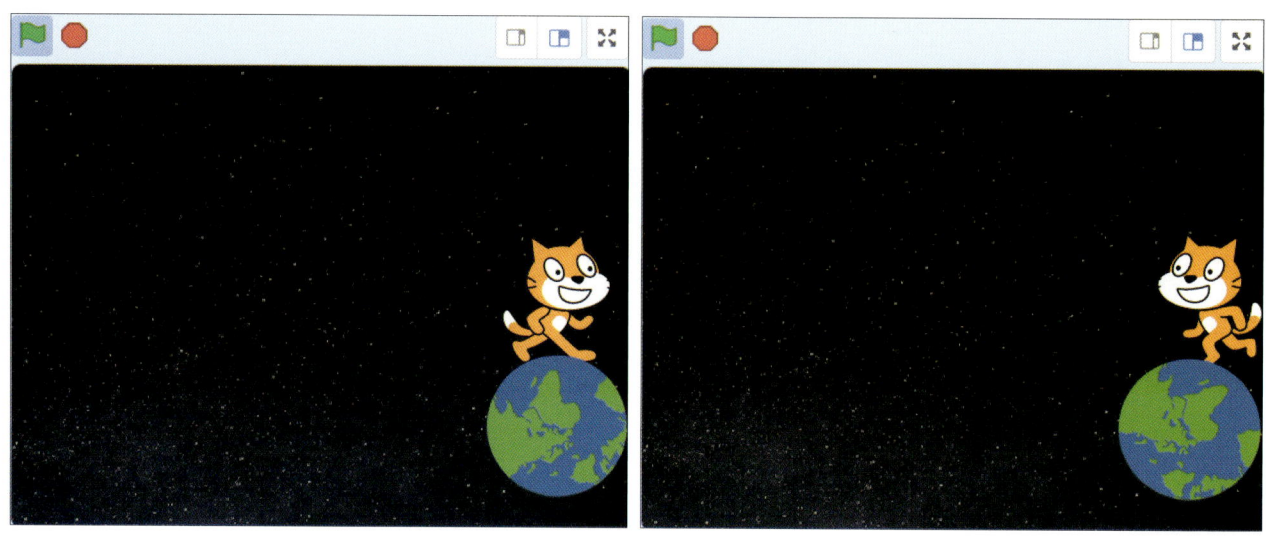

　무대의 왼쪽과 오른쪽, 그리고 위쪽과 아래쪽 끝의 경계를 벽이라고 하는데, 스프라이트가 무대 안에서 이동하다가 벽에 닿았을 경우에 자연스럽게 움직이기 위해서 동작 블록의 `벽에 닿으면 튕기기` 블록을 사용할 수 있습니다.

　`벽에 닿으면 튕기기` 블록은 스프라이트가 무대의 왼쪽과 오른쪽, 그리고 위쪽과 아래쪽의 경계에 닿으면 무대 영역을 벗어나지 못하도록 모양과 진행 방향을 반대로 바꿔주는 역할을 합니다. 이 블록을 활용하면 스프라이트가 무대의 벽에 부딪혀도 자연스럽게 방향을 반대로 바꿔 반대로 움직일 수 있습니다.

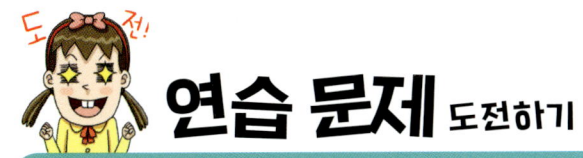

연습 문제 도전하기

정답 189쪽 ▶▶▶

동작 블록의 `벽에 닿으면 튕기기` 블록의 기능을 대신 수행할 수 있는 블록 조합을 찾아볼까요?

 문제

다음 블록들을 참고하여 동작 블록의 `벽에 닿으면 튕기기` 블록 없이 프로젝트를 만들어 보세요.

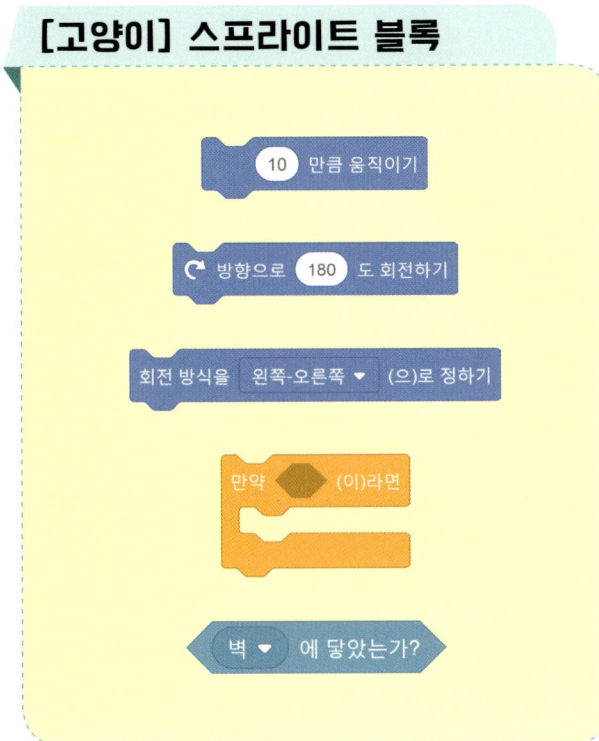

11일째_ **지구를 굴려 보자!** 93

12일째 스크래치 마법 학교

❓ 무엇을 배울까요?

- 스프라이트를 복제하는 방법을 알아봅니다.
- 임의의 숫자를 표현하는 '난수'를 이용해 봅니다.
- 스프라이트의 모양을 복사하는 방법을 알아봅니다.

완성 작품 미리 보기

마법으로 풍선을 만들어 볼까요? 마우스 왼쪽 버튼으로 마법사를 클릭하면 다양한 색의 풍선이 나타나도록 만들어 봅시다!

QR코드로 작품을 미리 볼 수 있습니다.

스프라이트/배경과 블록 살펴보기

스프라이트/배경

블록
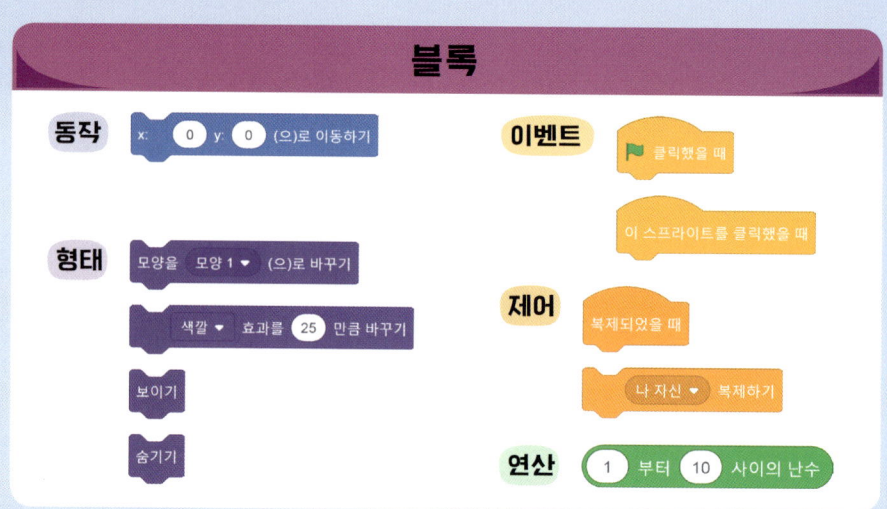

94 3장_스토리텔링

코딩 따라 하기

아래의 순서와 같이 6단계로 블록을 구성해 보자. ▶▶▶

1 시작하기

❶ 메뉴에서 [파일→새로 만들기]를 선택합니다.
❷ 새로운 화면이 시작됩니다.

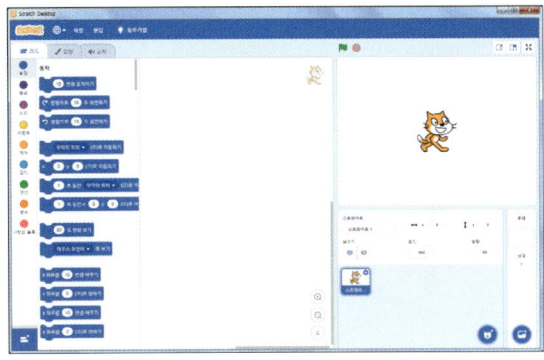

2 스프라이트 추가하기

❶ 스프라이트 목록의 [스프라이트 고르기] 메뉴에서 [스프라이트 고르기]를 클릭합니다.

> **Tip** 스프라이트 목록의 기본 스프라이트인 [고양이] 스프라이트는 삭제하도록 합니다.

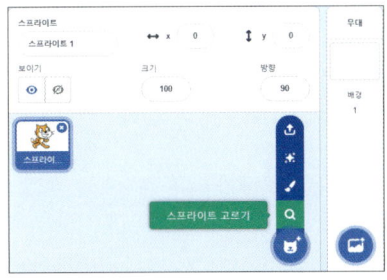

❷ 스프라이트 고르기에서 [Wizard]와 [Balloon1]을 선택합니다.

> **Tip**
> ❶ [Wizard] 스프라이트는 '스프라이트 고르기-목록-판타지'에 있습니다.
> ❷ [Balloon1] 스프라이트는 '스프라이트 고르기-목록-모두'에 있습니다.

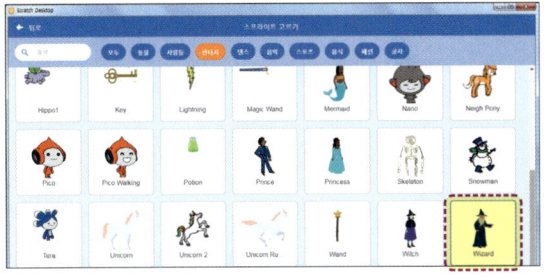

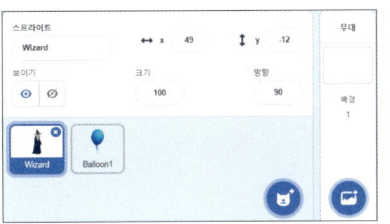

12일째_ 스크래치 마법 학교 95

3 배경 추가하기

❶ 무대 목록의 [배경 고르기] 메뉴에서 [배경 고르기]를 클릭합니다.

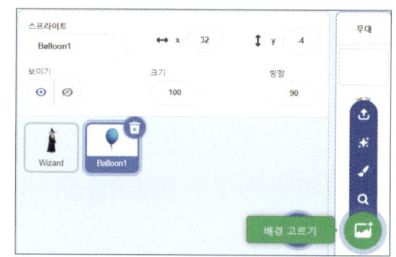

❷ 배경 고르기에서 [Witch House]를 선택합니다.

> Tip [Witch House] 배경은 '배경 고르기-주제별-판타지'에 있습니다.

4 [Wizard] 스프라이트 블록 구성하기

❶ 이벤트 블록의 `클릭했을 때` 블록을 스크립트 영역으로 끌어다 놓습니다.

❷ 동작 블록의 `x: 0 y: 0(으)로 이동하기` 블록을 연결하여 [Wizard] 스프라이트의 처음 위치를 설정합니다.

❸ `x: 0 y: 0(으)로 이동하기` 블록의 입력값을 'x: -150, y: -20'으로 설정합니다.

❹ 이벤트 블록의 `이 스프라이트를 클릭했을 때` 블록과 제어 블록의 `나 자신▼ 복제하기` 블록을 스크립트 영역으로 끌어다 연결합니다.

❺ `나 자신▼ 복제하기` 블록의 '▼'을 눌러 선택 상자에서 'Balloon1'을 선택하여, [Wizard] 스프라이트가 클릭될 때 [Balloon1] 스프라이트가 복제되도록 합니다.

5 [Balloon1] 스프라이트 블록 구성하기

❶ 이벤트 블록의 `클릭했을 때` 블록을 스크립트 영역으로 끌어다 놓습니다.

❷ 형태 블록의 `숨기기` 블록을 연결하여 🏁을 클릭할 때 풍선이 무대에서 보이지 않도록 구성합니다.

❸ 제어 블록의 `복제되었을 때` 블록을 스크립트 영역으로 끌어다 놓습니다.

❹ 형태 블록의 `보이기`, 동작 블록의 `x: 0 y: 0 (으)로 이동하기`, 형태 블록의 `모양을 balloon1-a▼ (으)로 바꾸기`, `색깔▼ 효과를 0(으)로 정하기` 블록을 연결합니다.

❺ [Balloon1] 스프라이트의 위치와 모양, 투명도 효과를 설정하기 위해 연산 블록의 `1부터 10사이의 난수` 블록을 구성하여 위에서 만들어 놓은 블록 모음의 입력값에 순서대로 넣습니다.

6 테스트하여 완성하기

❶ 무대 왼쪽 위의 🏁을 클릭하여 지금까지 만든 프로젝트를 시작합니다.

❷ [Wizard] 스프라이트를 클릭하면 [Balloon1] 스프라이트가 복제됩니다.

❸ 무대 위에서 풍선의 위치, 모양 그리고 반투명 효과가 무작위로 적용되어 나타납니다.

전체코드 확인하기

다음은 완성된 스크래치 블록입니다. 무대 왼쪽 위의 🏁을 클릭하여 프로젝트를 실행합니다. **[wizard]** 스프라이트를 클릭하면 **[Balloon1]** 스프라이트가 복제되며, 복제된 **[Balloon1]** 스프라이트는 무대 위에서 위치와 모양, 투명도 효과가 무작위로 적용되어 나타납니다.

프로젝트에서 사용한 블록의 전체 구성을 확인해 봅시다.

[wizard]
스프라이트를 구성하는 블록

[Balloon1]
스프라이트를 구성하는 블록

공유하기

스크래치 홈페이지의 [내 작업실] 메뉴를 이용하여 내가 만든 프로젝트를 공유합니다. 전 세계의 여러 친구와 함께 아이디어를 나눠 봅시다.

프로젝트의 이름은 [12. 스크래치 마법 학교.sb3]로 합니다.

1. 내 컴퓨터에 저장하기
[파일→컴퓨터에 저장하기]를 선택하여 내 컴퓨터에 저장합니다.

2. 홈페이지에 저장하기
온라인 에디터 메뉴의 [파일→저장하기]를 선택하여 스크래치 홈페이지에 저장합니다.

3. 프로젝트 공유하기
[내 작업실]의 [공유되지 않은 프로젝트]에 등록된 프로젝트를 선택하여 [사용 방법]과 [참고 사항 및 참여자]를 입력한 후에 공유합니다.

다음 주소에 들어가면 완성 작품을 확인할 수 있습니다.
https://scratch.mit.edu/projects/325055387

작품 속 코딩의 원리 한눈에 살펴보기

난수

난수는 특정한 순서나 규칙을 갖지 않는 추측하기 어려운 임의의 수를 의미합니다. 예를 들어 연산 블록의 `1부터 10사이의 난수` 블록은 최솟값 1부터 최댓값 10이라는 정해진 구간 안에서 숫자를 무작위로 선택하여 뽑아 줍니다. 난수는 어떤 수가 선택될지 알 수 없기 때문에 값의 무작위성이 높아지므로 다양한 크기, 모양 그리고 상태를 표현하는 데 활용될 수 있습니다.

그래픽 효과

[School] 배경
배경의 기본 상태입니다.

색깔
0에서 200사이의 값으로 이미지의 색깔을 변경할 수 있습니다.

어안 렌즈
물고기의 눈처럼 가운데가 불룩하게 화면을 왜곡합니다.

소용돌이
소용돌이치는 형태로 화면을 왜곡합니다.

픽셀화
사각형 모양의 픽셀 모양처럼 화면을 왜곡합니다.

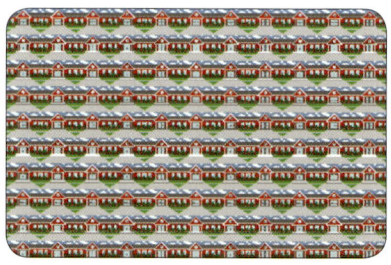

모자이크
모자이크 형태로 화면을 구성합니다.

밝기
−100부터 100사이의 값으로 밝기를 설정합니다.

투명도
0부터 100사이의 값으로 투명도를 조절합니다.

연습 문제 도전하기

정답_190쪽 ▶▶▶

펜 블록의 도장찍기 블록을 이용하여 마치 도장을 찍는 것과 같은 효과를 표현해 볼까요?

문제

다음 블록들을 조합하여 마우스 왼쪽 버튼으로 [Dani] 스프라이트를 클릭할 때마다 [Dani] 스프라이트의 모양이 복사되도록 만들어 보세요.

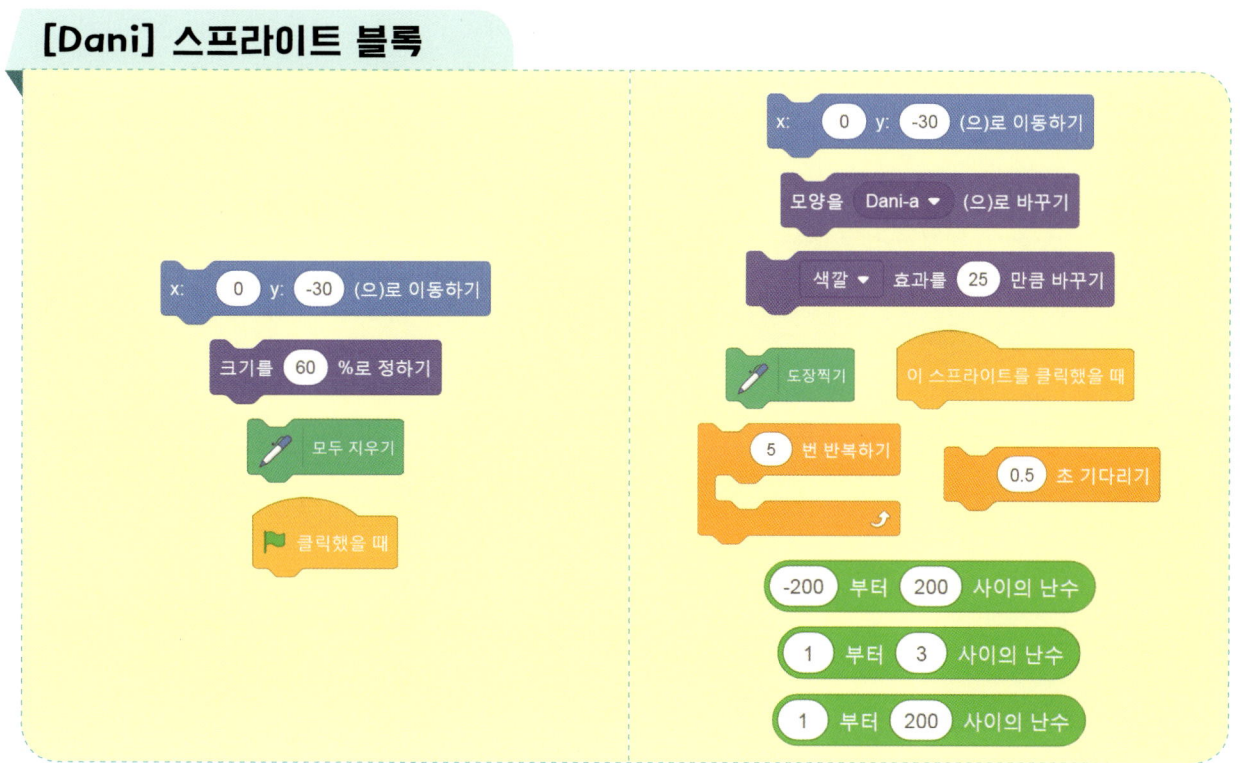

13일째 연주 발표회

? 무엇을 배울까요?

- 스프라이트를 클릭하여 소리가 나도록 만들어 봅니다.
- 키보드의 키를 눌러 소리가 나도록 만들어 봅니다.

완성 작품 미리 보기

연주회 무대 위에 여러 가지 악기가 있습니다. 마우스 왼쪽 버튼으로 악기를 클릭하여 연주 발표회를 시작해 볼까요? 멋진 연주가 되도록 손가락 긴장도 풀고 호흡도 가다듬어 봅시다!

 QR코드로 작품을 미리 볼 수 있습니다.

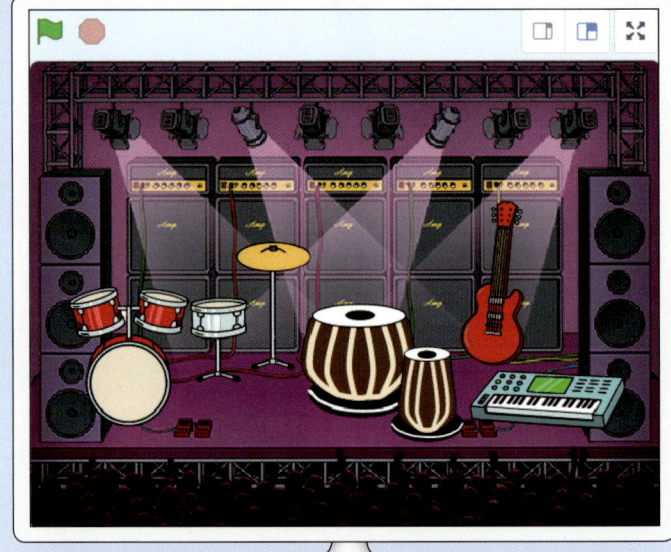

스프라이트/배경과 블록 살펴보기

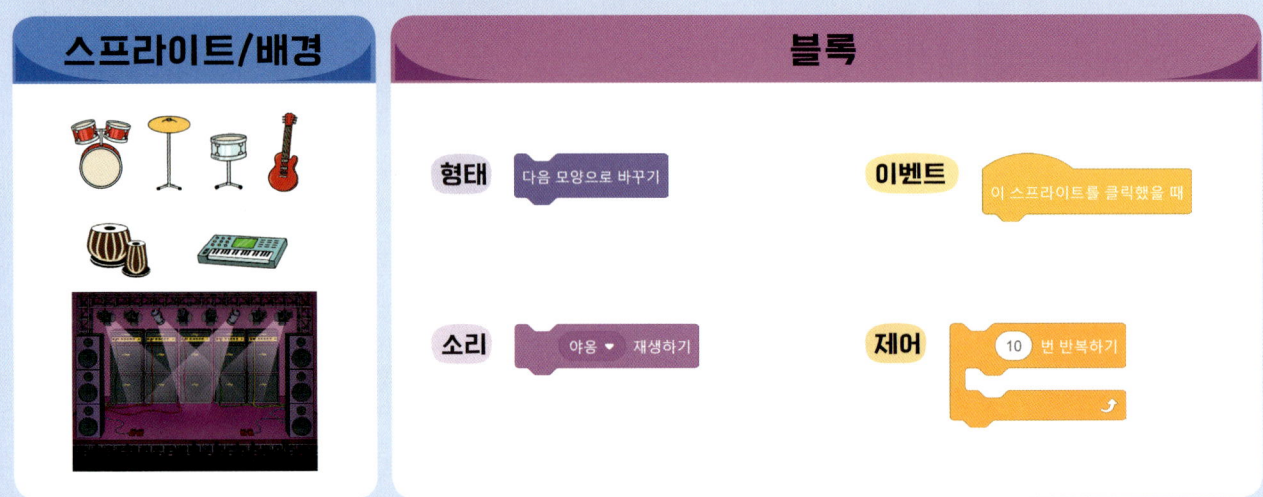

102 3장_스토리텔링

코딩 따라 하기

아래의 순서와 같이 6단계로 블록을 구성해 보자. ▶▶▶

1 시작하기

❶ 메뉴에서 [파일→새로 만들기]를 선택합니다.
❷ 새로운 화면이 시작됩니다.

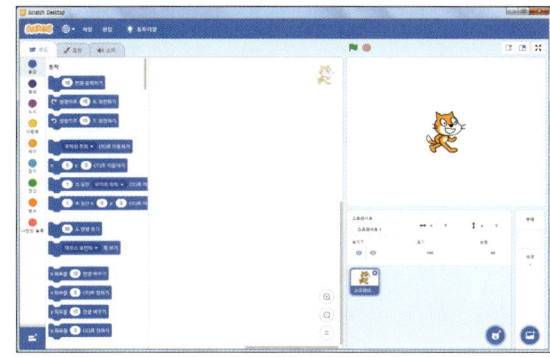

2 스프라이트 추가하기

❶ 스프라이트 목록의 [스프라이트 고르기] 메뉴에서 [스프라이트 고르기]를 클릭합니다.

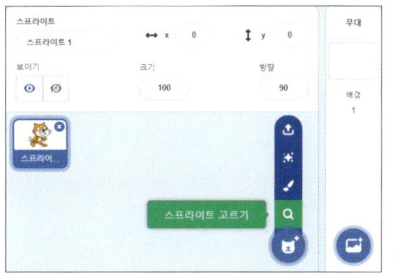

❷ 스프라이트 고르기에서 [Drum Kit], [Drum-Cymbal], [Drum-Snare], [Drum Tabla], [Guitar-electric1], [Keyboard]를 각각 선택합니다.

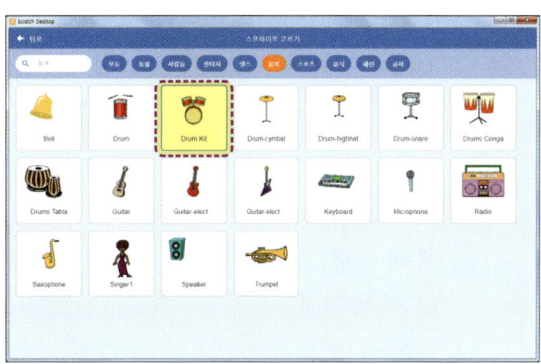

> 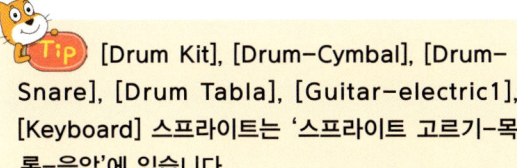 [Drum Kit], [Drum-Cymbal], [Drum-Snare], [Drum Tabla], [Guitar-electric1], [Keyboard] 스프라이트는 '스프라이트 고르기-목록-음악'에 있습니다.

❸ 스프라이트 목록의 기본 스프라이트인 [고양이] 스프라이트를 삭제하고, 나머지 6개의 스프라이트들을 무대 위에서 자유롭게 배치합니다.

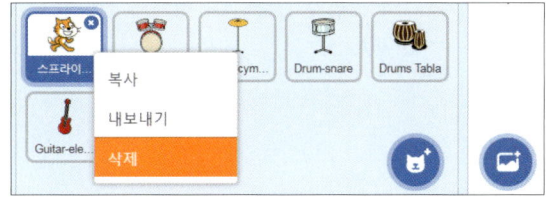

3 배경 추가하기

① 무대 목록의 [배경 고르기] 메뉴에서 [배경 고르기]를 클릭합니다.

② 배경 고르기에서 [Concert]를 선택합니다.

> Tip [Concert] 배경은 '배경 고르기-목록-음악'에 있습니다.

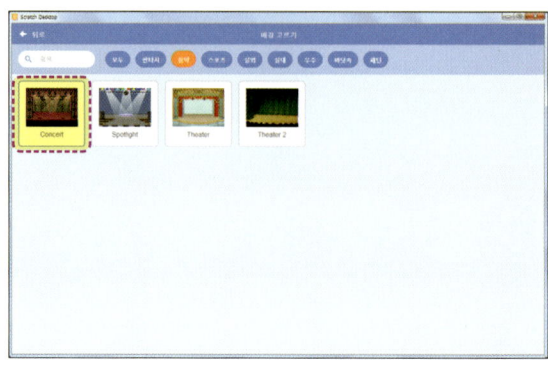

4 [Drum Kit] 스프라이트 블록 구성하기

① 스프라이트 목록의 첫 번째에 있는 [Drum Kit] 스프라이트를 클릭한 후, 이벤트 블록의 `이 스프라이트를 클릭했을 때` 블록과 제어 블록의 `10번 반복하기` 블록을 스프라이트 영역으로 끌어다 연결합니다.

② [Drum Kit] 스프라이트의 모양이 2개이므로 `10번 반복하기` 블록의 입력값을 '2'로 설정합니다.

③ 형태 블록의 `다음 모양으로 바꾸기` 블록과 소리 블록의 `Drum Bass1▼ 재생하기` 블록을 연결하여 `2번 반복하기` 블록 안에 넣습니다.

> Tip [Drum Kit] 스프라이트의 [소리] 탭에는 5개의 소리가 있습니다. 여기서 원하는 소리를 선택합니다.

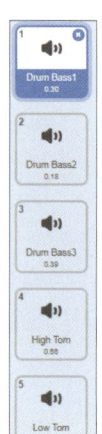

5 나머지 스프라이트 블록 구성하기

❶ 앞에서 구성한 [Drum Kit] 스프라이트의 블록 모둠을 스크립트 영역에서 마우스로 드래그하여 스프라이트 목록의 [Drum-Cymbal] 스프라이트 위에 떨어트립니다.

❷ 이후 [Drum-Cymbal] 스프라이트의 스크립트 영역에서 복사된 블록을 확인하고, 재생할 소리를 선택하여 블록을 완성합니다.

❸ [Drum-Cymbal] 스프라이트 블록을 구성한 것처럼 나머지 스프라이트들의 블록을 같은 형태로 만듭니다.

6 테스트하여 완성하기

❶ 무대 왼쪽 위의 🏁을 클릭하여 프로젝트를 실행합니다.

❷ 무대 위의 악기 스프라이트들을 마우스 왼쪽 버튼으로 클릭하여 소리를 재생합니다.

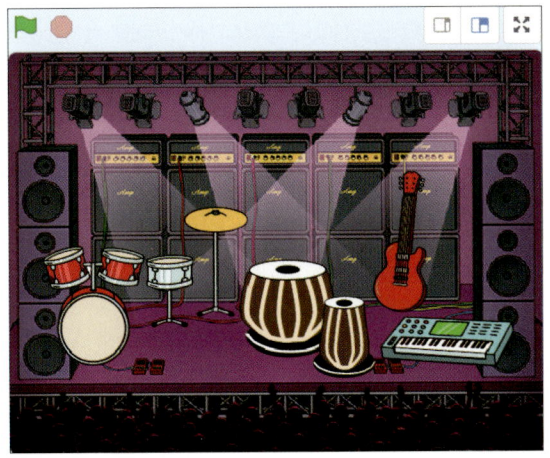

전체코드 확인하기

다음은 완성된 스크래치 블록입니다. 각 악기 스프라이트를 클릭하여 프로젝트를 실행합니다. 악기를 클릭하는 순서나 속도를 달리하면서 연주할 수 있습니다.

프로젝트에서 사용한 블록 전체의 구성을 확인해 봅시다.

[Drum Kit] 스프라이트를 구성하는 블록

[Drum-Cymbal] 스프라이트를 구성하는 블록

[Drum-Snare] 스프라이트를 구성하는 블록

[Drum Table] 스프라이트를 구성하는 블록

[Guitar-electric1] 스프라이트를 구성하는 블록

[Keyboard] 스프라이트를 구성하는 블록

공유하기

스크래치 홈페이지의 [내 작업실] 메뉴를 이용하여 내가 만든 프로젝트를 공유합니다. 전 세계의 여러 친구와 함께 아이디어를 나눠 봅시다.

프로젝트의 이름은 [13. 연주 발표회.sb3]로 합니다.

1. 내 컴퓨터에 저장하기
[파일→컴퓨터에 저장하기]를 선택하여 내 컴퓨터에 저장합니다.

2. 홈페이지에 저장하기
온라인 에디터 메뉴의 [파일→저장하기]를 선택하여 스크래치 홈페이지에 저장합니다.

3. 프로젝트 공유하기
[내 작업실]의 [공유되지 않은 프로젝트]에 등록된 프로젝트를 선택하여 [사용 방법]과 [참고 사항 및 참여자]를 입력한 후에 공유합니다.

다음 주소에 들어가면 완성 작품을 확인할 수 있습니다.
https://scratch.mit.edu/projects/325056306

작품 속 코딩의 원리 한눈에 살펴보기

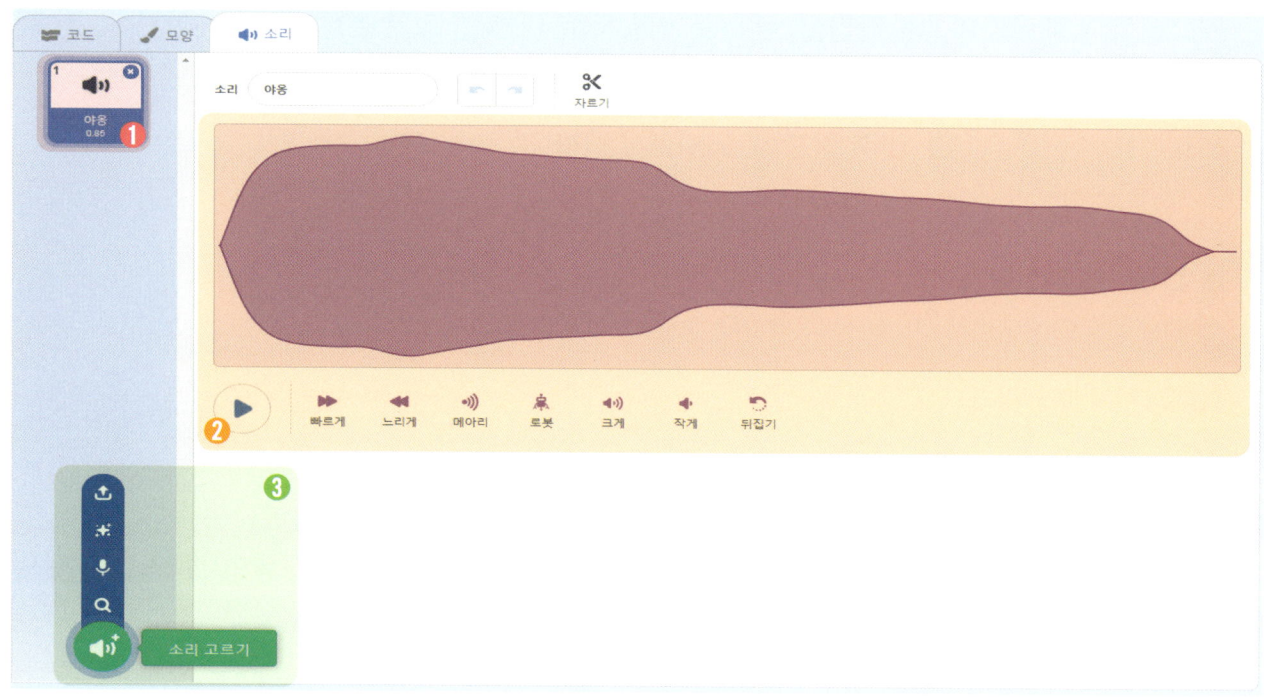

❶ 스크립트 영역의 [소리] 탭에서 스프라이트의 기본 소리에 대한 정보를 확인할 수 있습니다. 기본 소리를 기본 스프라이트인 고양이의 야옹 소리입니다.

❷ 파장 그래프 아래 재생 버튼 옆에 있는 버튼들을 통해 소리를 다룰 수 있습니다.

❸ [소리 고르기] 목록에서 다양한 방법의 소리를 가져올 수 있습니다.

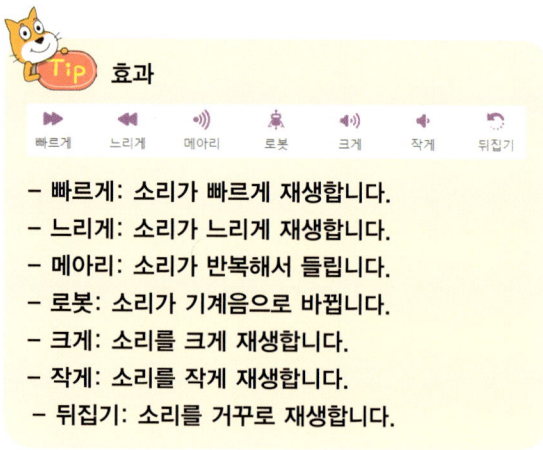

- 빠르게: 소리가 빠르게 재생합니다.
- 느리게: 소리가 느리게 재생합니다.
- 메아리: 소리가 반복해서 들립니다.
- 로봇: 소리가 기계음으로 바뀝니다.
- 크게: 소리를 크게 재생합니다.
- 작게: 소리를 작게 재생합니다.
- 뒤집기: 소리를 거꾸로 재생합니다.

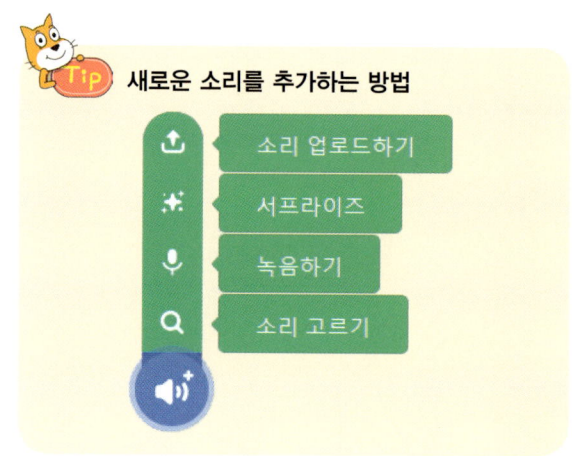

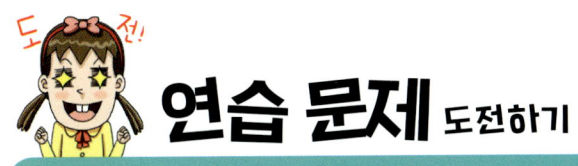

연습 문제 도전하기

정답 191쪽 ▶▶▶

키보드의 숫자 키를 눌러 악기를 연주해 볼까요?

다음 블록들을 조합하여 1부터 6까지의 숫자 키를 눌러 악기를 연주할 수 있도록 만들어 보세요.

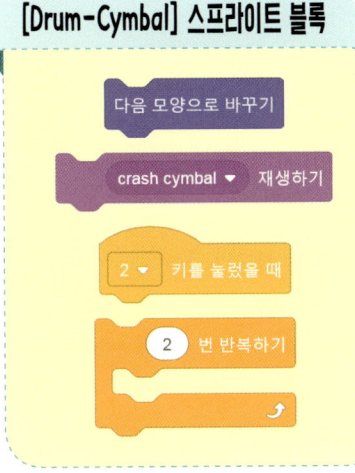

힌트

[Drum-Kit] 스프라이트와 같은 형태로 [Drum-Cymbal], [Drum-Snare], [Drum Tabla], [Guitar-electric1], [Keyboard] 스프라이트의 블록을 구성합니다.

14일째 오늘은 피카소

? 무엇을 배울까요?

- 무대 위에서 마우스를 이용하여 그림을 그려 봅니다.
- 키보드의 스페이스 키를 눌러 그림을 그리고, e 키를 눌러 그림을 지워 봅니다.
- 변수를 이용하여 펜의 색깔과 선 굵기를 바꿔 봅니다.

완성 작품 미리 보기

오늘만은 멋진 피카소가 되어 나만의 작품을 그려 볼까요? 마우스를 이용하여 펜의 색깔과 굵기를 조절하고, 키보드를 이용하여 그림을 그리거나 지우며 멋진 화가가 되어 그림을 그려 봅시다.

QR코드로 작품을 미리 볼 수 있습니다.

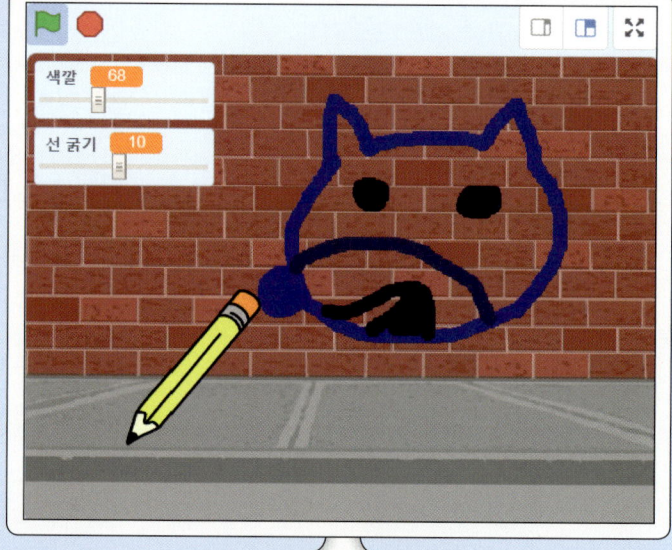

스프라이트/배경과 블록 살펴보기

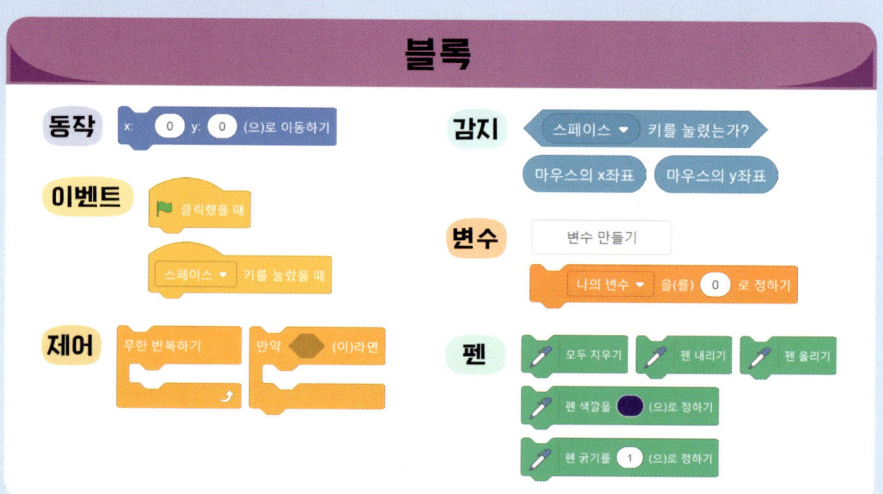

110 3장_스토리텔링

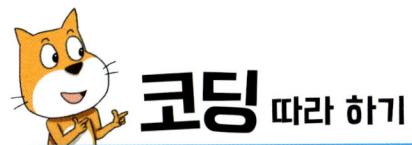
코딩 따라 하기

아래의 순서와 같이 8단계로 블록을 구성해 보자. ▶▶▶

1 시작하기

❶ 메뉴에서 [파일→새로 만들기]를 선택합니다.
❷ 새로운 화면이 시작됩니다.

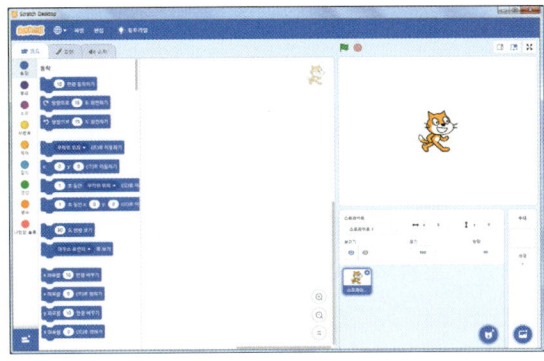

2 스프라이트 추가하기

❶ 스프라이트 목록의 [스프라이트 고르기] 메뉴에서 [스프라이트 고르기]를 클릭합니다.

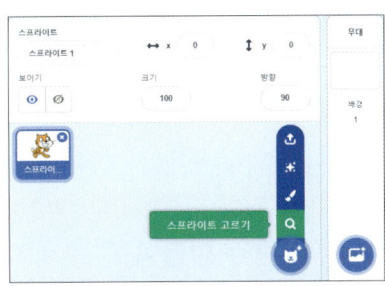

> Tip 스프라이트 목록의 기본 스프라이트인 [고양이] 스프라이트는 삭제하도록 합니다.

❷ 스프라이트 고르기에서 [Pencil]을 선택합니다.

> Tip [Pencil] 스프라이트는 '스프라이트 고르기-목록-모두'에 있습니다.

❸ [모양] 탭의 편집 화면으로 이동하여 [Pencil] 스프라이트의 모양 전체를 선택한 후 오른쪽으로 이동하면 바닥 모양 중심 표시가 있습니다.

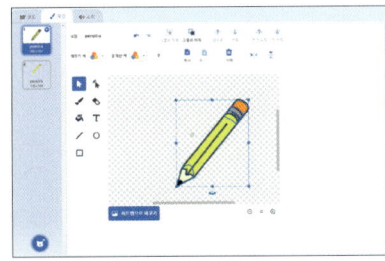

> Tip 모양 전체를 선택한 후, [모양] 탭 메뉴 중의 [그룹화 적용]을 선택하면 편리합니다.

❹ [Pencil] 스프라이트의 연필심 부분을 모양의 중심으로 변경합니다.

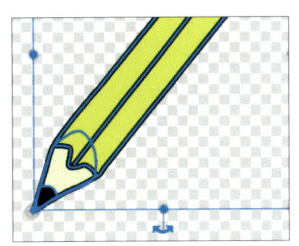

> Tip [Pencil] 스프라이트 2개의 모양 모두 모양 중심을 변경합니다.

14일째_ 오늘은 피카소 111

3 배경 추가하기

❶ 무대 목록의 [**새로운 배경**] 메뉴에서 [**배경 고르기**]를 클릭합니다.

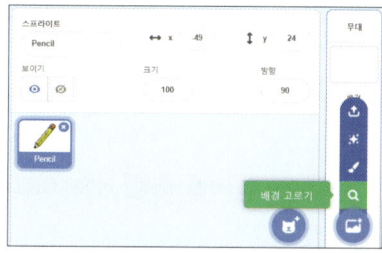

❷ 배경 고르기에서 [**wall 1**]을 선택합니다.

> Tip [wall 1] 배경은 '배경 고르기-목록-실외'에 있습니다.

4 변수 블록 구성하기

❶ 변수 블록의 [**변수 만들기**]를 클릭하면 [**새로운 변수**] 창이 뜹니다.

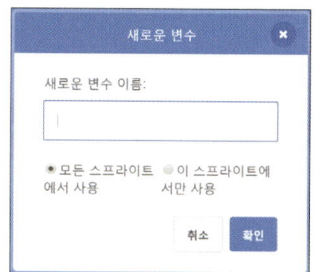

❷ 변수 이름에 '색깔'을 쓰고, [**확인**] 버튼을 누르면 [**색깔**] 변수가 추가됩니다.

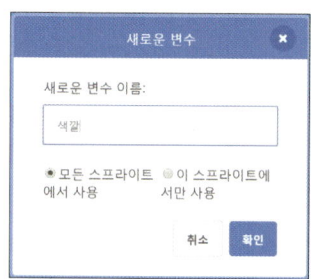

❸ 위와 같은 방법으로 '선 굵기'를 쓰고, [**확인**] 버튼을 눌러 [**선 굵기**] 변수를 추가합니다.

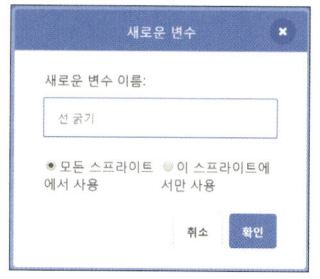

❹ 변수 블록에 만들어진 변수들의 체크 박스를 클릭하면 무대 위에서 [**색깔**], [**선 굵기**] 변수가 보입니다.

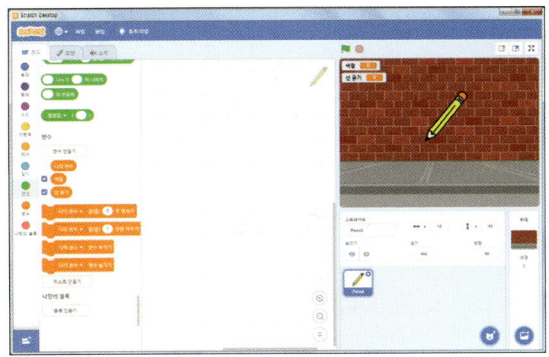

❺ 마우스 오른쪽 버튼으로 무대 위의 변수를 클릭하여 [**슬라이더 사용하기**]를 선택합니다.

❻ 변수 밑에 슬라이더가 나타나면 마우스 오른쪽 버튼으로 슬라이더를 클릭하여 [change slider range]를 선택합니다.

❼ [change slider range] 창이 뜨면 [**색깔**] 변수의 경우에는 '최소: 1, 최대: 200'을 입력하고, [**선 굵기**] 변수의 경우에는 '최소: 1, 최대: 20'을 입력한 후에 [**확인**] 버튼을 클릭합니다.

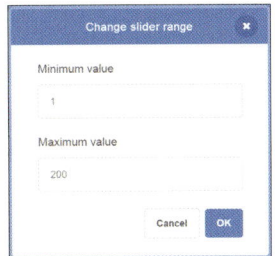 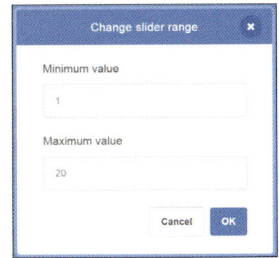

5 [pencil] 스프라이트의 처음 상태 구성하기

❶ 이벤트 블록의 🏁클릭했을 때 블록을 스크립트 영역에 끌어다 놓습니다.

❷ 동작 블록의 `x: 0 y: 0(으)로 이동하기`, 변수 블록의 `나의 변수▼ 을(를) 0로 정하기` 2개, 펜 블록의 `펜 올리기`, `모두 지우기` 블록을 연결합니다.

> Tip
> - `나의 변수▼을(를) 0로 정하기` 블록의 '▼'를 눌러 선택 상자에서 '색깔'과 '선 굵기'를 각각 선택하고, 블록의 입력값을 '1'로 설정합니다.
> - 펜 블록은 왼쪽 아래의 [확장 기능 추가하기] 메뉴에서 가져오도록 합니다.

6 그림 지우기 블록 구성하기

❶ 이벤트 블록의 `스페이스▼ 키를 눌렀을 때` 블록과 펜 블록의 `모두 지우기` 블록을 스크립트 영역으로 끌어다 연결합니다.

❷ `스페이스▼ 키를 눌렀을 때` 블록의 '▼'를 눌러 선택 상자에서 'e'를 선택합니다. e 키를 누르면 무대 위의 그림이 모두 지워집니다.

7 그림 그리기 블록 구성하기

❶ 무대 왼쪽 위의 🏁을 클릭했을 때 마우스의 위치를 따라 [Pencil] 스프라이트가 움직이도록 블록을 구성합니다.

❷ `space bar` 키를 누르고 있는 상태에서 마우스를 움직이면 무대 위에서 그림을 그릴 수 있고, `space bar` 키를 누르지 않으면 펜이 올라가 그림 그리기를 멈추도록 구성합니다.

❸ 위의 두 블록 모둠을 연결하여 그림 그리기 전체 블록을 완성합니다.

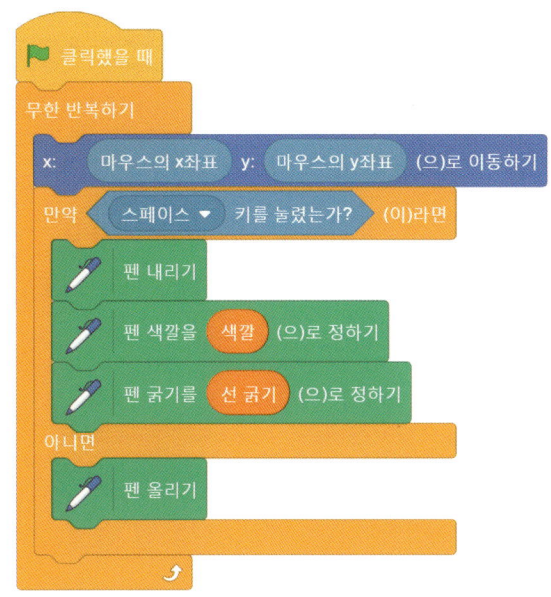

8 테스트하여 완성하기

❶ 무대 왼쪽 위의 🏁을 클릭하여 프로젝트를 실행합니다.

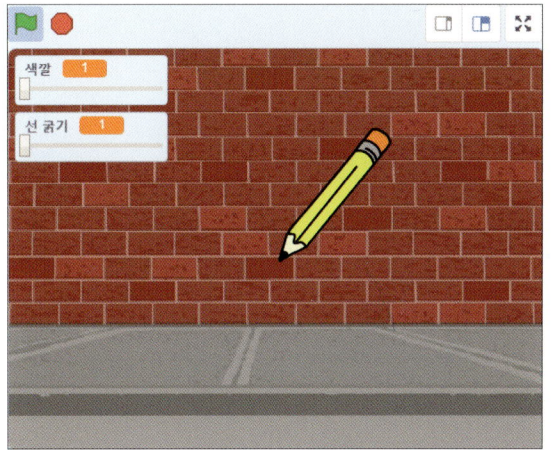

❷ [색깔], [선 굵기] 변수 아래의 슬라이더 입력기를 마우스로 조절하여 값을 바꿉니다.

❸ `space bar` 키를 누른 후, 무대 위에서 마우스 왼쪽 버튼을 눌러 그림을 그립니다. 스페이스 키를 누르지 않으면 그림 그리기가 멈춥니다. 그림을 지우고 싶을 때는 `e` 키를 눌러 모든 그림을 지울 수 있습니다.

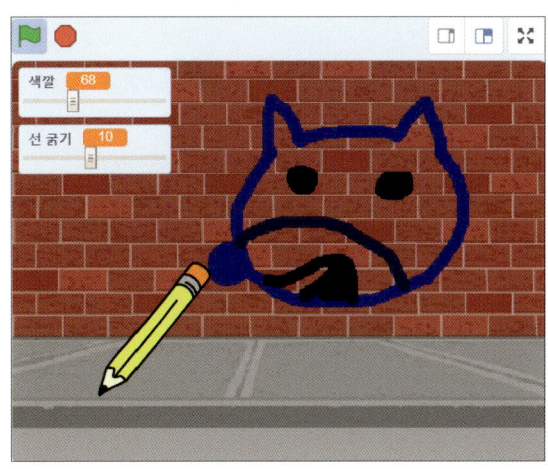

전체코드 확인하기

다음은 완성된 스크래치 블록입니다. 무대 왼쪽 위의 🏁을 클릭하여 프로젝트를 실행합니다. 무대의 변수 블록을 이용하여 연필의 색깔과 선 굵기를 변경하면서, space bar 키를 눌러 그림을 그리고, e 키를 눌러 그려진 그림을 지울 수 있습니다.

프로젝트에서 사용한 블록 전체의 구성을 확인해 봅시다.

[pencil] 스프라이트를 구성하는 블록

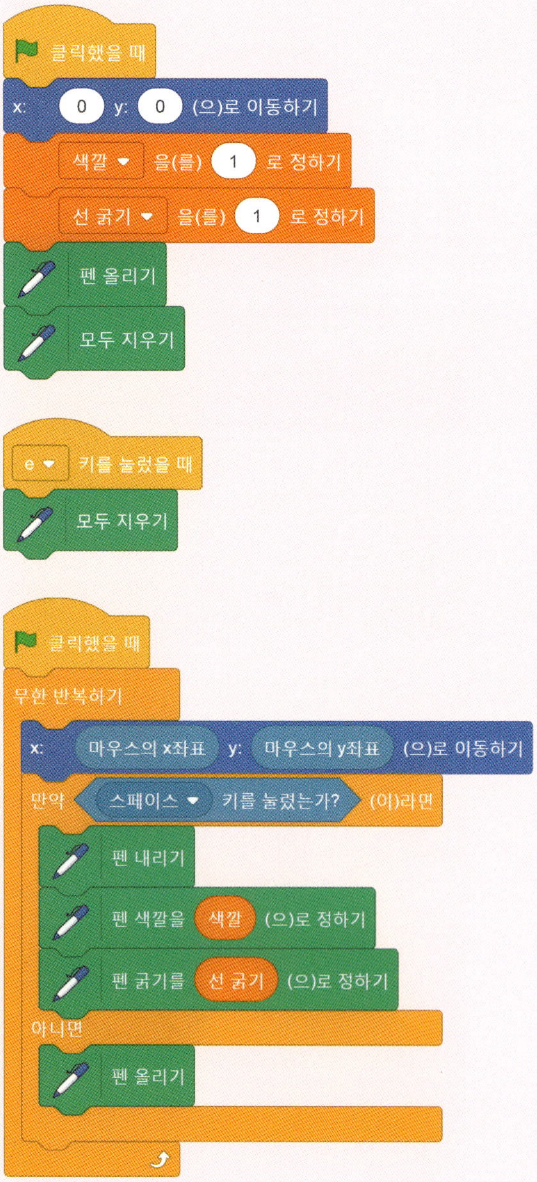

공유하기

스크래치 홈페이지의 **[내 작업실]** 메뉴를 이용하여 내가 만든 프로젝트를 공유합니다. 전 세계의 여러 친구와 함께 아이디어를 나눠 봅시다.

프로젝트의 이름은 **[14. 오늘은 피카소.sb3]**로 합니다.

1. 내 컴퓨터에 저장하기
[파일→컴퓨터에 저장하기]를 선택하여 내 컴퓨터에 저장합니다.

2. 홈페이지에 저장하기
온라인 에디터 메뉴의 [파일→저장하기]를 선택하여 스크래치 홈페이지에 저장합니다.

3. 프로젝트 공유하기
[내 작업실]의 [공유되지 않은 프로젝트]에 등록된 프로젝트를 선택하여 [사용 방법]과 [참고 사항 및 참여자]를 입력한 후에 공유합니다.

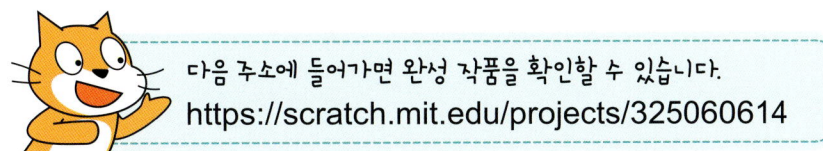

다음 주소에 들어가면 완성 작품을 확인할 수 있습니다.
https://scratch.mit.edu/projects/325060614

작품 속 코딩의 원리 한눈에 살펴보기

변수

어떤 범위나 형식 안에서 여러 값으로 변할 수 있는 값을 의미하는데, 이는 어떤 값을 담는 그릇에 비유할 수 있습니다. 그릇의 이름을 변수명이라고 하며, 그릇에 담긴 내용물을 변수의 값이라 합니다.

사용자나 블록 실행의 결과로 변수에 담긴 값을 변경하거나 그 값을 이용할 수 있으며, 적은 스크립트로 다양한 실행 결과를 만들 수 있습니다.

Tip 변수 블록의 [변수 만들기] 버튼을 이용하여 새로운 변수를 만듭니다. 사용할 변수의 이름과 변수가 사용될 범위를 선택합니다.

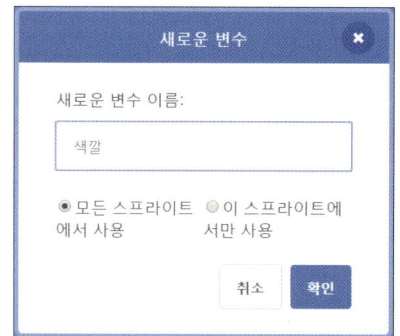

Tip 변수가 생성되면 변수 블록 영역에 변수를 위한 블록이 만들어집니다. 이 블록을 이용하여 만들어진 변수를 활용할 수 있습니다.

연습 문제 도전하기

정답 192쪽 ▶▶▶

`space bar` 키를 누르고 있는 상태에서만 그림을 그릴 수 있는 것보다 더 쉬운 방법으로 그림을 그려 볼까요?

문제
다음 블록들을 조합하여 무대 위에서 마우스 왼쪽 버튼을 이용하여 자유롭게 그림을 그릴 수 있도록 만들어 보세요.

[Pencil] 스프라이트 블록

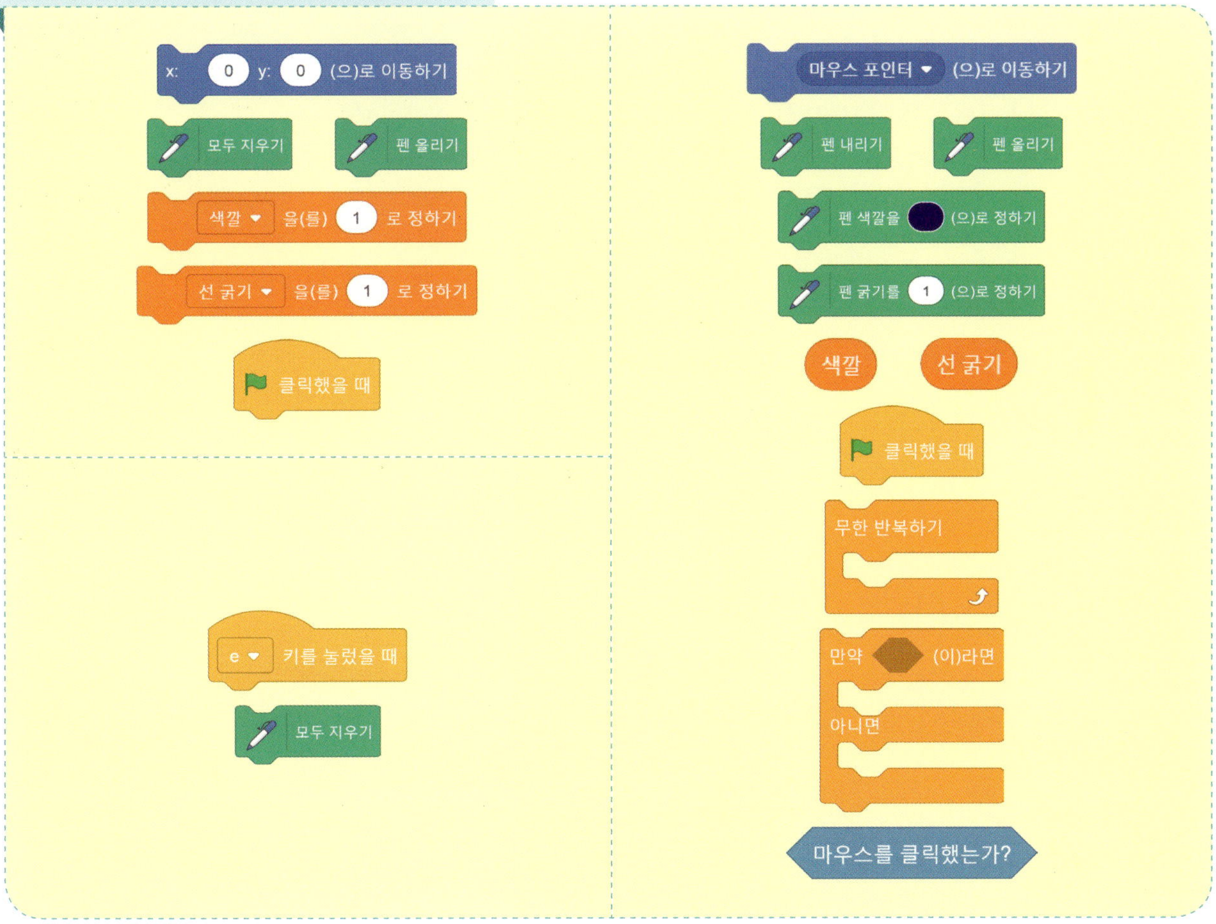

- x: 0 y: 0 (으)로 이동하기
- 모두 지우기
- 펜 올리기
- 색깔 ▼ 을(를) 1 로 정하기
- 선 굵기 ▼ 을(를) 1 로 정하기
- ▶ 클릭했을 때
- e ▼ 키를 눌렀을 때
- 모두 지우기

- 마우스 포인터 ▼ (으)로 이동하기
- 펜 내리기
- 펜 올리기
- 펜 색깔을 ● (으)로 정하기
- 펜 굵기를 1 (으)로 정하기
- 색깔
- 선 굵기
- ▶ 클릭했을 때
- 무한 반복하기
- 만약 ◆ (이)라면 / 아니면
- 마우스를 클릭했는가?

15일째 나의 꿈, 나의 미래

? 무엇을 배울까요?

- 스토리텔링을 구성해 봅니다.
- 신호 보내기 블록을 이용해 봅니다.
- 사용자의 선택에 따라 다른 이야기 흐름이 되도록 만들어 봅니다.

완성 작품 미리 보기

여러분들은 꿈꾸고 있는 미래가 있나요? 아마 되고 싶은 게 너무 많아서 고민 중일 겁니다. 프로젝트 속 Abby의 다양한 꿈을 살펴볼 수 있는 이야기를 만들어 봅시다.

 QR코드로 작품을 미리 볼 수 있습니다.

스프라이트/배경과 블록 살펴보기

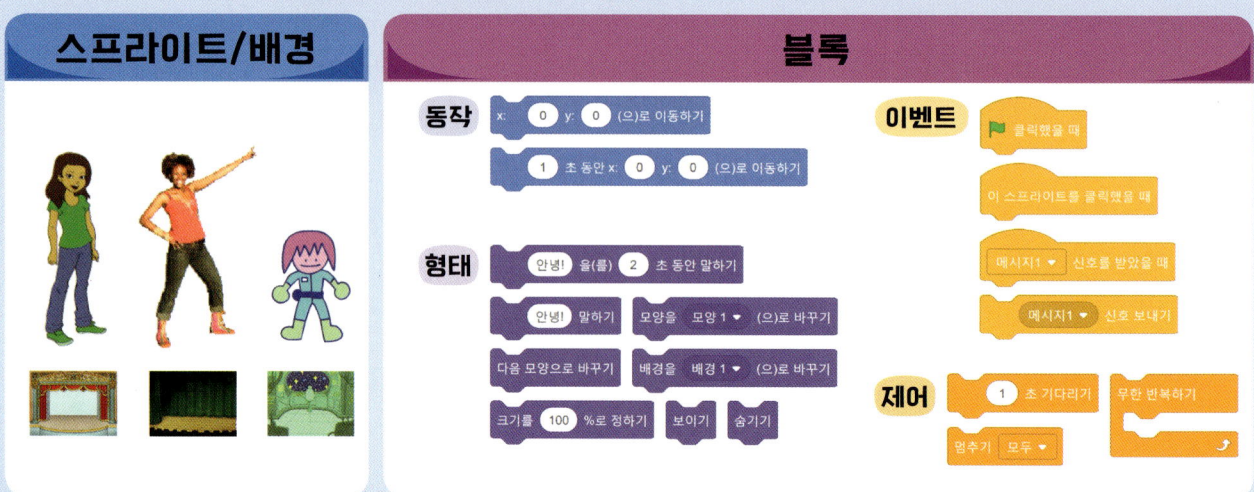

코딩 따라 하기

아래의 순서와 같이 9단계로 블록을 구성해 보자. ▶▶▶

1 시작하기

① 메뉴에서 [파일→새로 만들기]를 선택합니다.
② 새로운 화면이 시작됩니다.

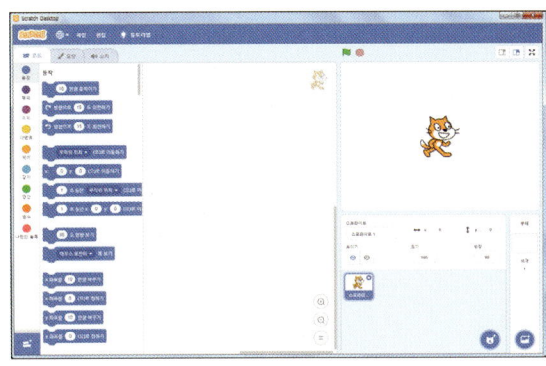

2 스프라이트 추가하기

① 스프라이트 목록의 [스프라이트 고르기] 메뉴에서 [스프라이트 고르기]를 클릭합니다.

> Tip 스프라이트 목록의 기본 스프라이트인 [고양이] 스프라이트는 삭제하도록 합니다.

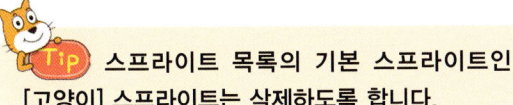

② 스프라이트 고르기에서 [Abby], [Cassy Dance], [Monet]를 선택합니다.

> Tip [Abby], [Cassy Dance], [Monet] 스프라이트는 '스프라이트 고르기-목록-사람들'에 있습니다.

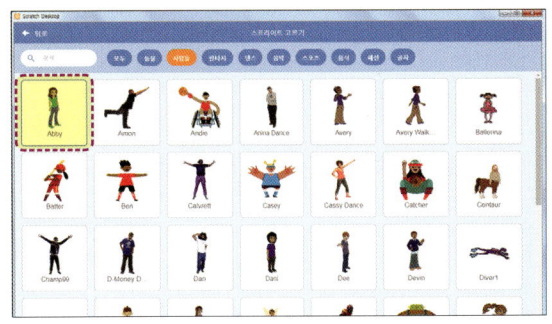

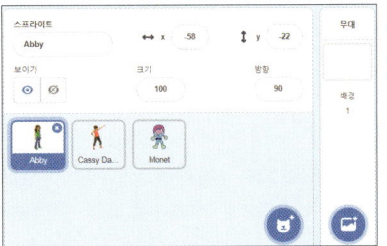

3 배경 추가하기

❶ 무대 목록의 [배경 고르기] 메뉴에서 [배경 고르기]를 클릭합니다.

❷ 배경 고르기에서 [Theater], [Theater 2], [Spaceship]을 선택합니다.

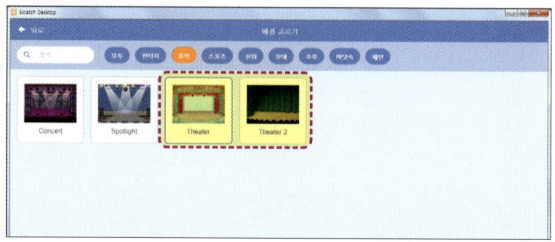

 Tip
- [Theater], [Theater 2] 배경은 '배경 고르기-목록-음악'에 있습니다.
- [Spaceship] 배경은 '배경 고르기-목록-우주'에 있습니다.

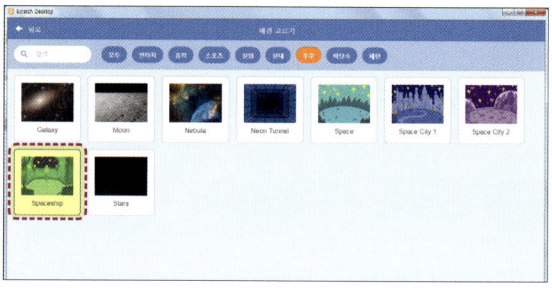

4 이야기 장면 나누기

❶ 이벤트 블록의 `메시지1▼ 신호를 받았을 때`, `메시지1▼ 신호 보내기` 블록을 스크립트 영역으로 끌어다 놓고, 이야기의 장면을 구분합니다.

❷ 두 블록의 '▼'를 누른 후, 선택 상자에서 '새 메시지'를 클릭하면 [새로운 메시지] 창이 뜹니다.

❸ 메시지 이름에 '처음으로, 댄서, 탐험가'를 추가하여 각각의 블록을 구성합니다.

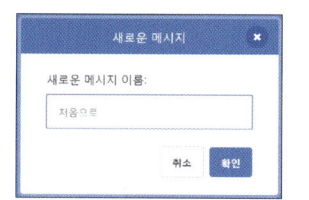

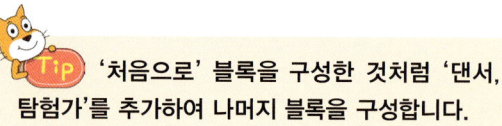 Tip '처음으로' 블록을 구성한 것처럼 '댄서, 탐험가'를 추가하여 나머지 블록을 구성합니다.

5 배경 스크립트 구성하기

❶ 무대 목록의 무대를 클릭한 후, 이벤트 블록의 `메시지1▼ 신호를 받았을 때` 블록과 형태 영역의 `배경을 배경1▼(으)로 바꾸기` 블록을 스크립트 영역으로 끌어다 연결합니다.

❷ '처음으로, 댄서, 탐험가' 메시지를 받았을 때, 그에 알맞은 배경이 보이도록 배경을 선택하여 각각의 블록을 구성합니다.

6 [Abby] 스프라이트 블록 구성하기

❶ 이벤트 블록의 `🏁 클릭했을 때`, `이 스프라이트를 클릭했을 때` 블록에 `처음으로▼ 신호 보내기` 블록을 연결하여, 🏁이나 [Abby] 스프라이트를 클릭하면 '처음으로' 메시지를 방송하여 초기화하도록 구성합니다.

❷ 이벤트 블록의 `댄서▼ 신호를 받았을 때`와 형태 블록의 `댄서가 되어 세계 대회에 나갈 거야! 말하기` 블록을 연결하여, [Cassy Dance] 스프라이트를 클릭하면 '댄서' 메시지를 방송하도록 구성합니다.

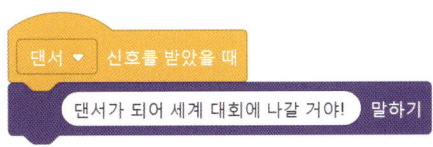

❸ 이벤트 블록의 `탐험가▼ 신호를 받았을 때`와 형태 블록의 `탐험가가 되어 우주여행을 할 거야! 말하기` 블록을 연결하여, [Monet] 스프라이트를 클릭하면 '탐험가' 메시지를 방송하도록 구성합니다.

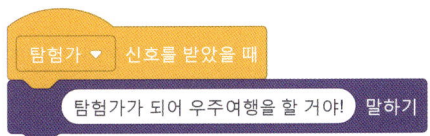

④ '처음으로' 메시지를 받았을 때, [Abby] 스프라이트의 처음 위치와 크기, 그리고 모양을 계속 변경할 수 있도록 블록을 구성합니다.

⑤ '처음으로' 메시지를 받았을 때, [Abby] 스프라이트가 '나의 꿈, 나의 미래는?'에 대한 발표를 시작하고, 내 미래의 모습을 선택하라고 말합니다.

7 [Cassy Dance] 스프라이트 블록 구성하기

① ▶을 클릭할 때 보이지 않도록 합니다.

② '처음으로' 메시지를 받으면, 이 스프라이트를 숨기고 4초 후에 보이도록 합니다.

> **Tip** [Abby] 스프라이트가 '처음으로' 메시지를 받았을 때, 나의 미래에 대해 발표하는데 걸리는 시간을 고려해서 4초로 설정합니다.

③ '탐험가' 메시지를 받으면, [Cassy Dance] 스프라이트가 보이지 않도록 합니다.

④ '댄서' 메시지를 받으면, 위치를 설정하고 계속 모양을 바꿔 춤을 추는 모습이 보이도록 합니다.

8 [Monet] 스프라이트 블록 구성하기

❶ ▶을 클릭할 때 보이지 않도록 합니다.

❷ '처음으로' 메시지가 방송되면, 이 스프라이트를 숨기고 4초 후에 보이도록 합니다.

❸ '댄서' 메시지를 받으면, [Monet] 스프라이트가 보이지 않도록 합니다.

❹ '탐험가' 메시지를 받으면, 위치를 설정하고 계속 모양을 바꿔 우주를 탐험하도록 합니다.

9 테스트하여 완성하기

❶ 무대 왼쪽 위의 ▶을 클릭하여 프로젝트를 실행합니다.

❷ [Cassy Dance], [Monet] 스프라이트를 클릭하면 [Abby] 스프라이트가 댄서, 탐험가가 된 미래의 모습을 볼 수 있습니다.

❸ 댄서, 탐험가의 모습을 보여주는 장면에서 작은 크기의 [Abby] 스프라이트를 클릭하면, 처음의 발표 장면으로 돌아갑니다.

전체코드 확인하기

다음은 완성된 스크래치 블록입니다. 무대 왼쪽 위의 🏁을 클릭하면 [Abby] 스프라이트가 미래의 꿈에 대한 발표를 시작합니다. 댄서와 탐험가를 클릭하여 미래의 모습을 살펴보고, [Abby]를 클릭하여 발표의 처음 장면으로 되돌아갑니다.

프로젝트에서 사용한 블록 전체의 구성을 확인해 봅시다.

배경 스크립트를 구성하는 블록

[Abby] 스프라이트를 구성하는 블록

[Cassy Dance] 스프라이트를 구성하는 블록

[Monet] 스프라이트를 구성하는 블록

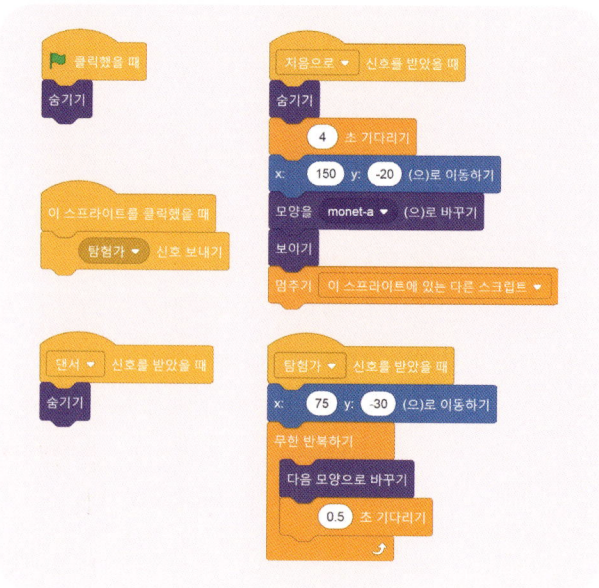

공유하기

스크래치 홈페이지의 [내 작업실] 메뉴를 이용하여 내가 만든 프로젝트를 공유합니다. 전 세계의 여러 친구와 함께 아이디어를 나눠 봅시다.

프로젝트의 이름은 [15. 나의 꿈, 나의 미래.sb3]로 합니다.

1. 내 컴퓨터에 저장하기
[파일→컴퓨터에 저장하기]를 선택하여 내 컴퓨터에 저장합니다.

2. 홈페이지에 저장하기
온라인 에디터 메뉴의 [파일→저장하기]를 선택하여 스크래치 홈페이지에 저장합니다.

3. 프로젝트 공유하기
[내 작업실]의 [공유되지 않은 프로젝트]에 등록된 프로젝트를 선택하여 [사용 방법]과 [참고 사항 및 참여자]를 입력한 후에 공유합니다.

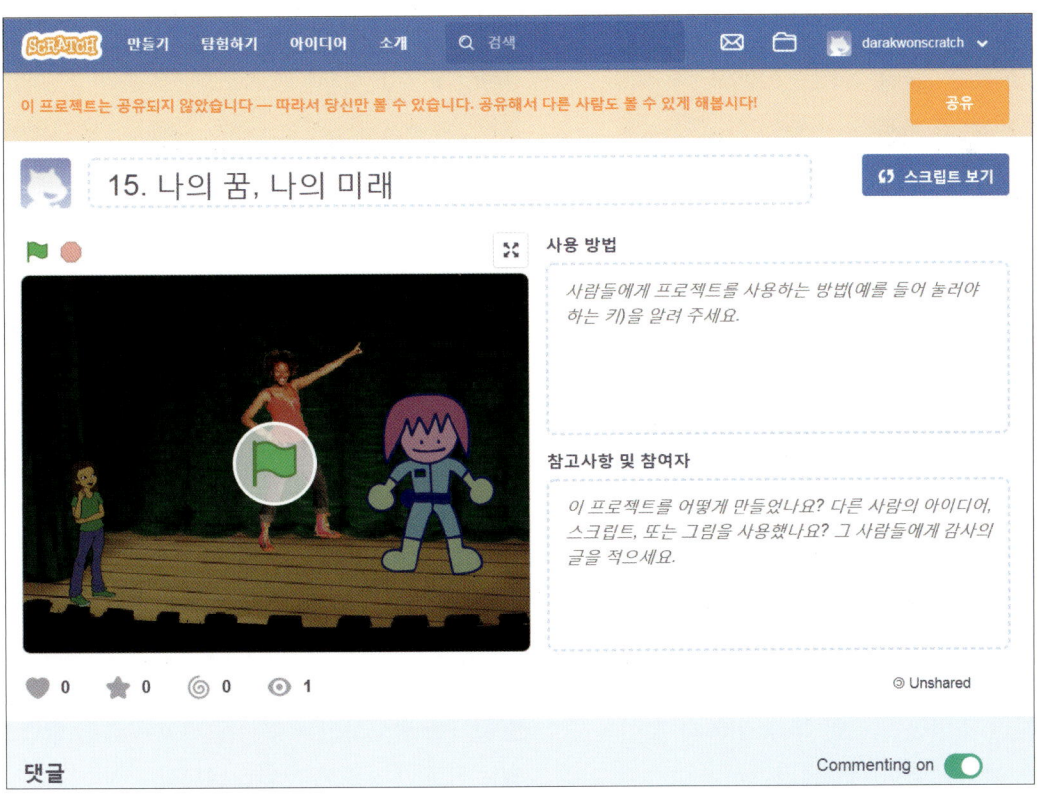

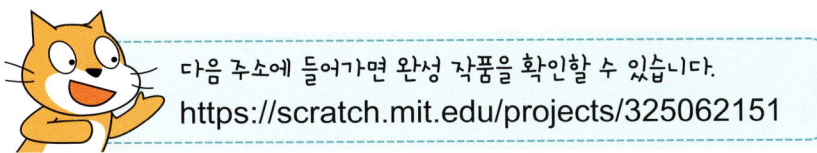

다음 주소에 들어가면 완성 작품을 확인할 수 있습니다.
https://scratch.mit.edu/projects/325062151

작품 속 코딩의 원리 한눈에 살펴보기

스토리텔링(Storytelling)

스토리(Story)와 텔링(Telling)이 합쳐져서 만들어진 말로, '이야기를 하다'라는 의미를 가집니다. 쉽게 말해서 스토리텔링은 상대방에서 전달하고 싶은 내용을 재미있고 생생한 이야기를 통해 전달하는 것이라고 할 수 있습니다.

앞에서 만든 프로젝트처럼 친구들에게 나의 꿈을 말할 때, 꿈에 대해 자기가 생각하는 것을 이야기로 자세히 설명할 수 있습니다. 이를 통해 친구들은 나의 꿈을 정확히 이해할 수 있으며, 내 말에 좀 더 집중할 수 있을 것입니다.

❶

주인공 Abby가 혼자 고민하는 장면으로 이야기가 시작됩니다.

❷

주인공 Abby가 자신의 꿈에 관해 이야기합니다. 댄서와 탐험가의 모습을 클릭하여 Abby의 꿈을 살펴볼 수 있습니다.

❸

댄서를 클릭하면 조명이 화려한 무대 위에서 멋진 댄스를 추는 댄서의 모습이 나타납니다.

❹

탐험가를 클릭하면 우주선을 타고 우주를 탐험하고 있는 탐험가의 모습이 나타납니다.

연습 문제 도전하기

정답 193~195쪽 ▶▶▶

스프라이트를 하나씩 클릭하여 미래의 모습을 보는 건 너무 불편해요! '질문하기' 메시지를 추가하여 감지 블록의 ~라고 묻고 기다리기 블록 모둠을 별도로 구성해 볼까요?

문제
다음 블록들을 조합하여 무대 위의 빈칸에 단어를 입력한 후, Abby의 꿈을 볼 수 있도록 만들어 보세요. (블록은 중복 사용이 가능합니다.)

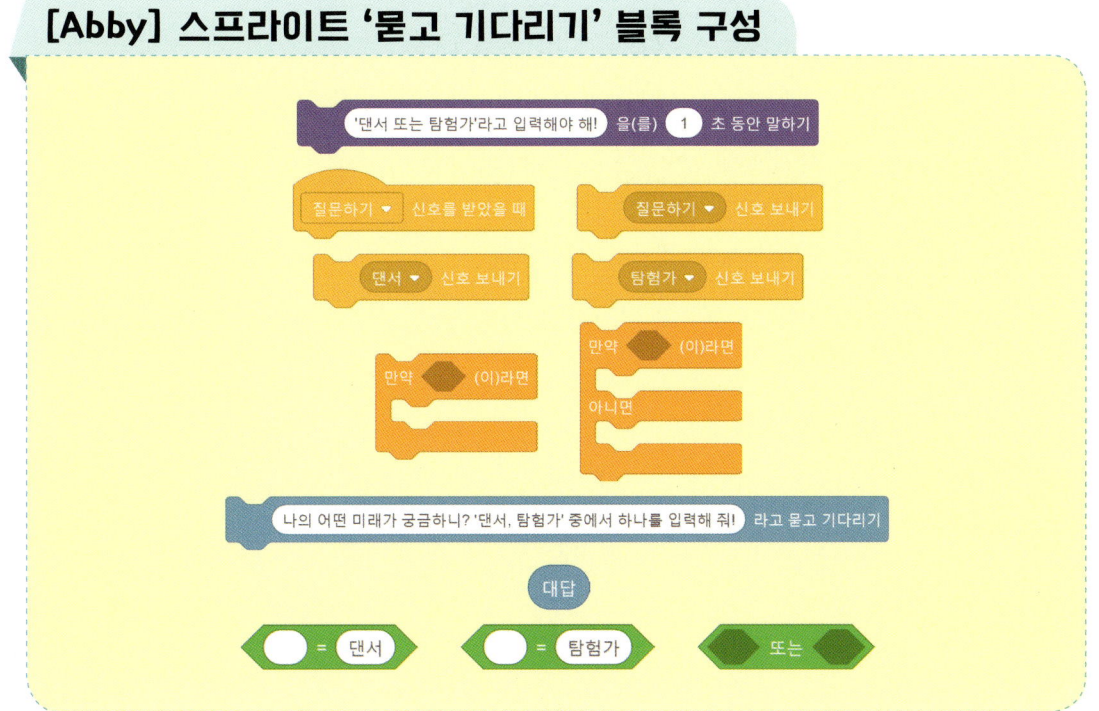

15일째_ 나의 꿈, 나의 미래 129

4장

 가위바위보

 오늘의 퀴즈

 미로를 탈출하라!

 뻐꾸기시계

 비만도 계산하기

가위바위보

무엇을 배울까요?

- 무작위로 숫자를 결정하는 난수에 대하여 알아봅니다.
- 가위바위보에 대하여 승패를 결정해 봅니다.
- 변수와 신호 보내기를 이용하여 게임의 흐름을 제어해 봅니다.

완성 작품 미리 보기

가위바위보 게임을 만들어 봅니다. 가위바위보는 가위, 바위, 보 3가지 모양 중에서 하나를 선택하여 승패를 결정하는 간단한 게임입니다.

QR코드로 작품을 미리 볼 수 있습니다.

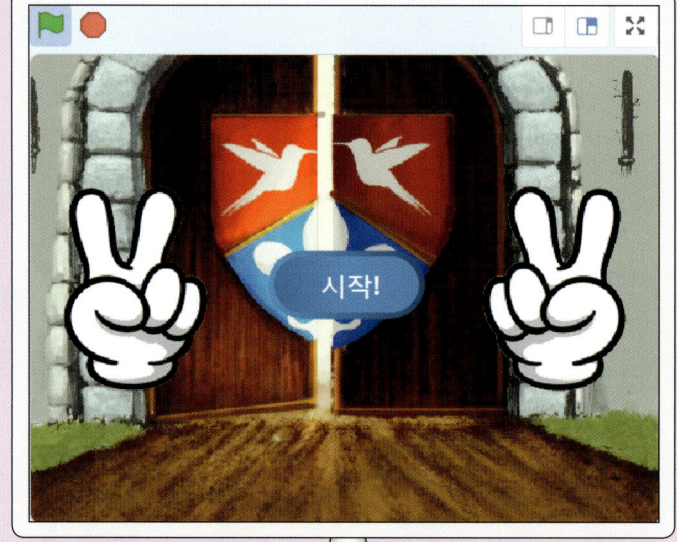

스프라이트/배경과 블록 살펴보기

코딩 따라 하기

아래의 순서와 같이 9단계로 블록을 구성해 보자. ▶▶▶

1 시작하기

❶ 메뉴에서 [파일→새로 만들기]를 선택합니다.
❷ 새로운 화면이 시작됩니다.

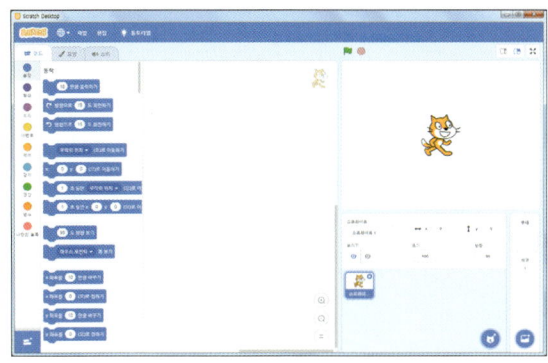

2 스프라이트 추가하기

❶ 스프라이트 목록의 [스프라이트 고르기] 메뉴에서 [스프라이트 업로드하기]를 클릭합니다.

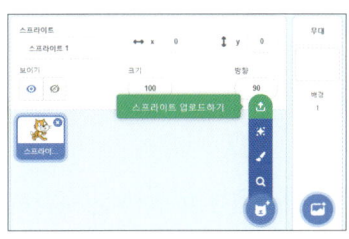

> Tip 스프라이트 목록의 기본 스프라이트인 [고양이] 스프라이트를 삭제합니다.

❷ [열기] 창이 뜨면, 다운로드 받은 예제 파일 중에서 가위 이미지를 선택하여 가져옵니다.

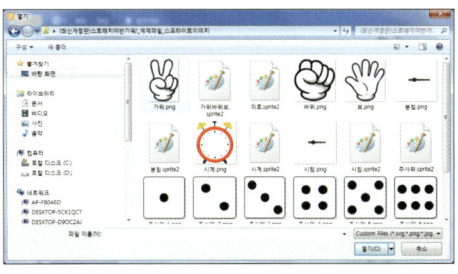

> Tip 예제 파일은 다락원 홈페이지(www.darakwon.com)에서 다운로드할 수 있습니다.

❸ 스프라이트 목록에 등록된 [가위] 스프라이트를 선택한 후, [모양] 탭의 모양 편집 창으로 이동합니다.

❹ [모양] 탭의 [모양 고르기] 메뉴에서 [모양 업로드하기]를 클릭한 후, 바위와 보 이미지를 선택하여 등록합니다.

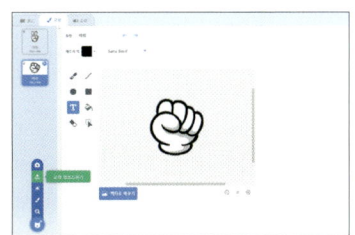

16일째_ **가위바위보** 135

3 나머지 스프라이트 준비하기

① [가위] 스프라이트 위에서 마우스 오른쪽 버튼을 클릭하여 [복사] 메뉴를 선택합니다.

② 스프라이트 목록에서 복사한 [가위] 스프라이트를 선택한 후, [모양] 탭의 모양 편집 창에서 [좌우 뒤집기] 메뉴를 클릭합니다. 나머지 [바위], [보] 스프라이트에도 적용합니다.

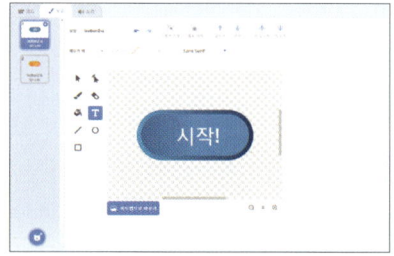

③ 스프라이트 목록의 [스프라이트 고르기] 메뉴에서 [스프라이트 고르기]를 클릭하여 [Button2]를 가져온 후, [모양] 탭의 모양 편집 창에서 [텍스트] 메뉴를 클릭하여 '시작!', '결과!'라는 글자를 추가합니다.

> Tip [Button2] 스프라이트는 '스프라이트 고르기-목록'에 있습니다.

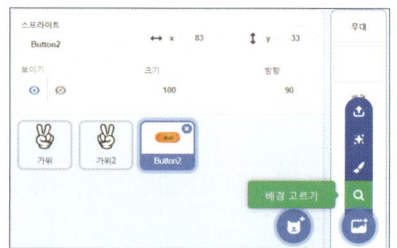

4 배경 추가하기

① 무대 목록의 [배경 고르기] 메뉴에서 [배경 고르기]를 클릭합니다.

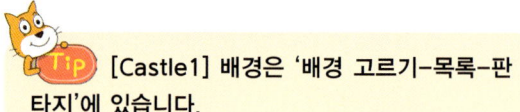

② 배경 고르기에서 [Castle1]을 선택합니다.

> Tip [Castle1] 배경은 '배경 고르기-목록-판타지'에 있습니다.

5 변수 만들기

❶ 변수 블록의 **[변수 만들기]**를 클릭합니다.

❷ **[새로운 변수]** 창이 뜨면, 변수 이름에 '상태'를 입력하고, **[확인]** 버튼을 눌러 상태 변수를 추가합니다.

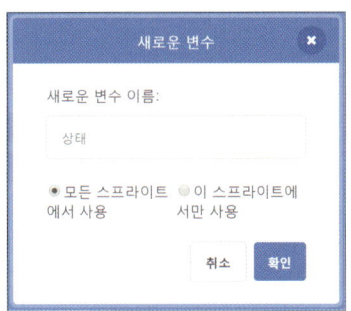

❸ 변수 블록의 **[변수 만들기]** 아래에 상태 변수가 생깁니다.

> **Tip** 무대 위에 상태 변수가 나타나지 않도록 상태 변수 왼쪽의 체크 박스를 클릭하여 체크를 없애줍니다.

❹ 변수 블록의 상태 블록과 상태▼을(를) 0로 정하기 블록을 스크립트 영역으로 끌어다 놓습니다.

❺ 상태▼을(를) 0로 정하기 블록의 입력값에 '처음'과 '끝'을 넣어 2개의 블록을 구성합니다.

6 [Button2] 스프라이트 블록 구성하기

① 무대 왼쪽 위의 🚩을 클릭하면 [Button2]의 처음 위치와 모양, 그리고 상태 변수가 '처음'이라는 값으로 초기화되도록 블록을 구성합니다.

② 이벤트 블록의 `이 스프라이트를 클릭했을 때` 블록을 이용하여 [Button2] 스프라이트를 클릭하면 게임이 시작하거나 종료하도록 블록을 구성합니다.

③ 상태 변수가 '처음' 또는 '끝' 이라면 '시작'이라고 변수의 값을 설정하고, 아니면 '끝'이라고 변수의 값을 설정합니다.

7 [가위] 스프라이트 블록 구성하기

① 이벤트 블록의 🚩 `클릭했을 때` 블록을 스크립트 영역으로 끌어와 [가위] 스프라이트의 초기 위치와 모양을 설정합니다.

> **Tip** [가위] 스프라이트는 '가위, 바위, 보'라는 3가지 모양을 가지고 있어서 연산 블록의 `1부터 3 사이의 난수` 블록을 사용합니다.

② 이벤트 블록의 🚩 `클릭했을 때` 블록을 스크립트 영역으로 끌어와 상태 변수의 값이 '시작'이거나 '끝'이라고 변경되면 약속된 일을 하도록 구성합니다.

> **Tip**
> - '시작'이라면 [가위] 스프라이트의 모양을 0.1초마다 계속 변경하여, 무엇을 낼지 생각 중임을 표현하도록 합니다.
> - '끝'이라면 [가위] 스프라이트의 모양을 무작위로 결정하여 보이도록 하며, 상태 변수의 값을 '처음'으로 바꿔 게임의 처음 상태로 돌아가도록 합니다.

8 [가위2] 스프라이트 블록 구성하기

❶ 앞에서 구성한 **[가위]** 스프라이트 블록처럼 이벤트 블록의 🏁클릭했을 때 블록을 스크립트 영역으로 끌어다 놓고, **[가위2]** 스프라이트의 초기 위치와 모양을 설정합니다.

❷ 이벤트 블록의 🏁클릭했을 때 블록을 스크립트 영역으로 끌어와 **상태** 변수의 값이 '시작'이거나 '끝'이라고 변경되면 약속된 일을 하도록 구성합니다.

> **Tip** 색깔▼ 효과를 ~만큼 바꾸기 블록을 이용하여 [가위]와 [가위2] 스프라이트를 색깔로 구별합니다.

9 테스트하여 완성하기

❶ 무대 왼쪽 위의 🏁을 클릭하여 가위바위보 게임을 시작합니다.

❷ '시작!' 버튼을 클릭하면 왼쪽과 오른쪽의 가위바위보 스프라이트가 무작위로 바뀝니다.

❸ 다시 '시작!' 버튼을 클릭하면 버튼이 '결과!'로 바뀌면서 왼쪽과 오른쪽의 가위바위보 스프라이트가 멈추며 게임의 승패가 결정됩니다.

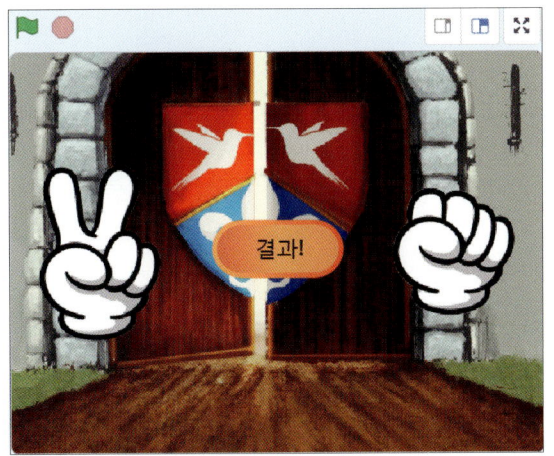

전체코드 확인하기

다음은 완성된 스크래치 블록입니다. 무대 왼쪽 위의 🏁을 클릭하여 프로젝트를 실행합니다. 무대의 중앙에 있는 '시작!' 버튼을 클릭하면 가위바위보 게임이 시작됩니다. 다시 '시작!' 버튼을 누르면 왼쪽과 오른쪽의 스프라이트가 가위바위보 중에서 무작위로 모양을 결정하여 승패를 가르게 됩니다.

프로젝트에서 사용한 블록 전체의 구성을 확인해 봅시다.

[Button2] 스프라이트를 구성하는 블록

[가위] 스프라이트를 구성하는 블록

[가위2] 스프라이트를 구성하는 블록

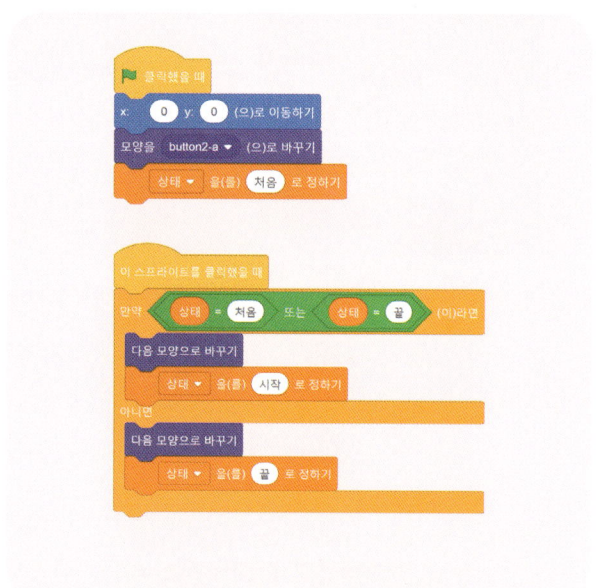

공유하기

스크래치 홈페이지의 **[내 작업실]** 메뉴를 이용하여 내가 만든 프로젝트를 공유합니다. 전 세계의 여러 친구와 함께 아이디어를 나눠 봅시다.

프로젝트의 이름은 **[16. 가위바위보.sb3]**로 합니다.

1. 내 컴퓨터에 저장하기

[파일→컴퓨터에 저장하기]를 선택하여 내 컴퓨터에 저장합니다.

2. 홈페이지에 저장하기

온라인 에디터 메뉴의 [파일→저장하기]를 선택하여 스크래치 홈페이지에 저장합니다.

3. 프로젝트 공유하기

[내 작업실]의 [공유되지 않은 프로젝트]에 등록된 프로젝트를 선택하여 [사용 방법]과 [참고 사항 및 참여자]를 입력한 후에 공유합니다.

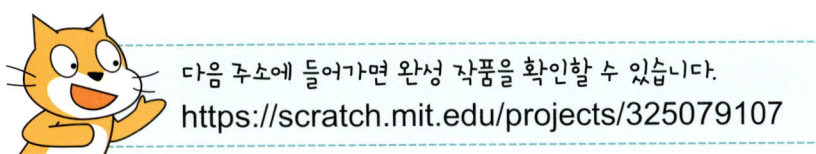

다음 주소에 들어가면 완성 작품을 확인할 수 있습니다.
https://scratch.mit.edu/projects/325079107

작품 속 코딩의 원리 한눈에 살펴보기

승패 결정하기

제어 블록의 `무한 반복하기` 블록 안에서 `상태` 변수의 값에 따라 조건을 나누어 게임의 승패를 결정하는 블록을 구성할 수 있습니다. 여기서 '나눈다'라는 의미는 게임의 시작과 끝이라는 두 가지 갈림길에서 어떤 길로 갈지를 결정하는 것을 의미합니다. 그러므로 제어 블록의 `만약 ~(이)라면` 블록을 이용하여 게임이 시작한 상태와 끝난 상태의 경우를 담은 블록을 구성할 수 있습니다.

이는 실제 프로그래밍 코드에서 if-else, switch 등으로 표현됩니다.

연습 문제 도전하기

정답 196~197쪽 ▶▶▶

주사위 게임을 만들어 볼까요? 가위바위보는 3가지 모양으로 이루어져 있고, 주사위는 6가지 모양으로 이루어져 있습니다.

문제
예제 파일에 들어 있는 [주사위-1]~[주사위-6] 스프라이트를 이용하여 주사위 게임을 만들어 보세요.

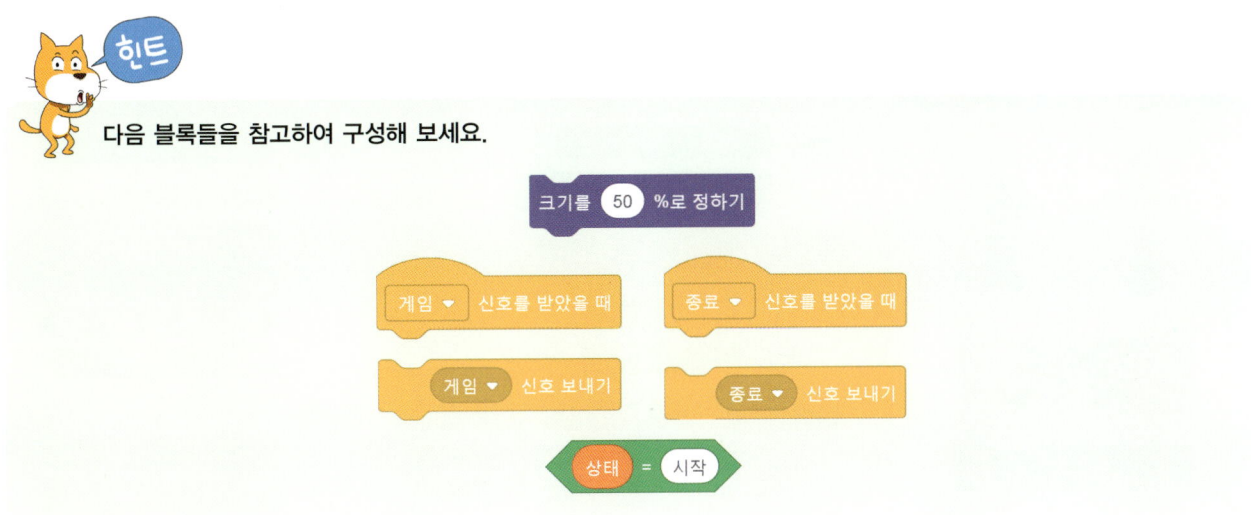

다음 블록들을 참고하여 구성해 보세요.

16일째_ **가위바위보** 143

오늘의 퀴즈

 무엇을 배울까요?

- 퀴즈 문제를 만들어 봅니다.
- 변수를 이용해서 게임의 점수를 표시하고, 게임의 종료 여부를 판단합니다.
- 변수를 이용해서 게임의 난이도를 구분하여, 다른 형식의 문제를 구성합니다.

완성 작품 미리 보기

친구와 함께 덧셈 퀴즈 게임을 진행해 볼까요? 기본 점수를 5점으로 정한 후, 정답을 맞히면 1점씩 추가하고 정답을 틀리면 1점씩 빼도록 합니다. 점수가 0점이 되면 게임이 종료됩니다.

 QR코드로 작품을 미리 볼 수 있습니다.

스프라이트/배경과 블록 살펴보기

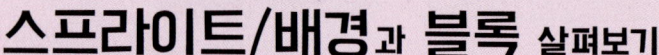

144 4장_게임

코딩 따라 하기

아래의 순서와 같이 9단계로 블록을 구성해 보자. ▶▶▶

1 시작하기

① 메뉴에서 [**파일→새로 만들기**]를 선택합니다.
② 새로운 화면이 시작됩니다.

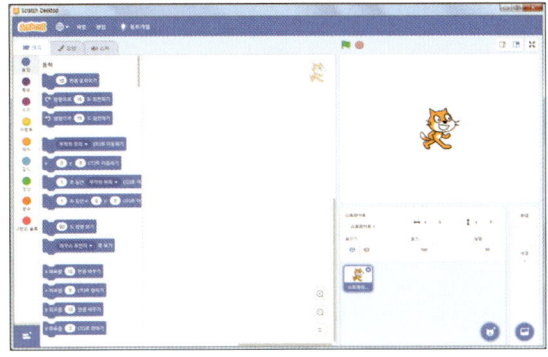

2 스프라이트 추가하기

① 스프라이트 목록의 [**스프라이트 고르기**] 메뉴에서 [**스프라이트 고르기**]를 클릭합니다.

> **Tip** 스프라이트 목록의 기본 스프라이트인 [고양이] 스프라이트는 삭제하도록 합니다.

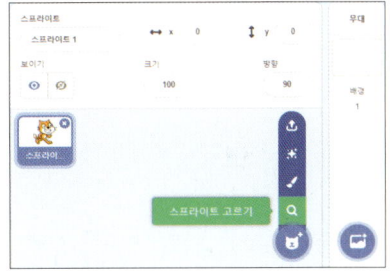

② 스프라이트 고르기에서 [**Dee**]와 [**Devin**]를 선택합니다.

> **Tip** [Dee], [Devin] 스트라이프는 '스프라이트 고르기-목록-사람들'에 있습니다.

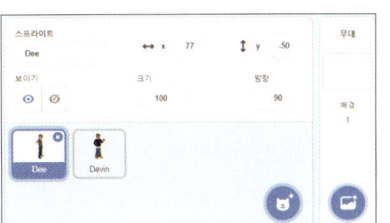

17일째_ **오늘의 퀴즈** 145

3 배경 추가하기

❶ 무대 목록의 [배경 고르기] 메뉴에서 [배경 고르기]를 클릭합니다.

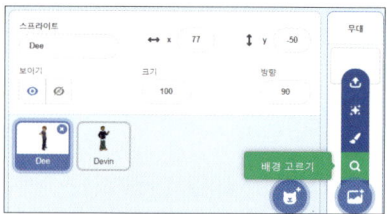

❷ 배경 고르기에서 [Chalkboard]를 선택합니다.

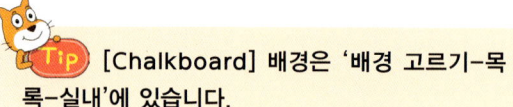

[Chalkboard] 배경은 '배경 고르기-목록-실내'에 있습니다.

4 변수 만들기

❶ 변수 블록의 [변수 만들기]를 클릭하면 [새로운 변수] 창이 뜹니다.

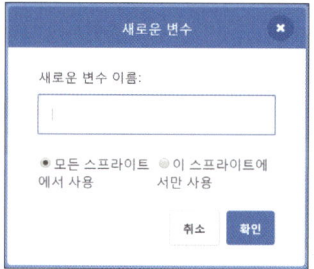

❷ 변수 이름에 '점수'를 입력하고, [확인] 버튼을 눌러 점수 변수를 추가합니다. 같은 방법으로 왼쪽과 오른쪽 변수를 추가합니다.

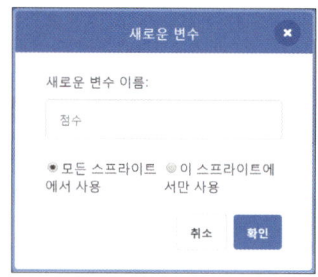

❸ 점수 변수 옆에 있는 체크 박스만 클릭하여 무대 위에서 점수 변수가 보이도록 합니다.

5 방송 메시지 만들기

① 이벤트 블록의 `메시지1▼ 신호를 받았을 때`, `메시지1▼ 신호 보내기` 블록을 스크립트 영역으로 끌어다 놓습니다.

② 각 블록의 '▼'를 눌러 선택 상자에서 [**새로운 메시지**]를 클릭합니다.

③ [**새로운 메시지**] 창이 뜨면, 메시지 이름에 '정답'을 입력하고 [**확인**] 버튼을 눌러 `정답▼ 신호를 받았을 때`, `정답▼ 신호 보내기` 블록을 구성합니다.

④ 위와 같은 방법으로 정답을 맞히지 못했을 경우 '오답'을 방송하는 블록을 구성합니다.

⑤ 위와 같은 방법으로 게임이 끝난 경우의 '게임 끝'을 방송하는 블록을 구성합니다.

6 [Dee] 스프라이트의 초기화 블록 구성하기

① 이벤트 블록의 `클릭했을 때` 블록, 변수 블록의 `점수▼을(를) 0로 정하기`, 제어 블록의 `무한 반복하기` 블록을 끌어다 연결합니다.

> **Tip** `점수▼을(를) 0로 정하기` 블록의 입력값을 '5'로 설정합니다.

② `무한 반복하기` 블록 안에 제어 블록의 `1초 기다리기`, 형태 블록의 `다음 모양으로 바꾸기` 블록을 넣어 [Dee] 스프라이트의 모양이 계속 바뀌도록 합니다.

> **Tip** `1초 기다리기` 블록의 입력값을 '0.5'로 설정합니다.

7 퀴즈 출제 블록 구성하기

① 이벤트 블록의 `클릭했을 때` 블록과 제어 블록의 `무한 반복하기` 블록을 스크립트 영역으로 끌어다 연결합니다.

② `무한 반복하기` 블록 안에 변수 블록의 `~▼을(를) ~로 정하기` 블록과 연산 블록의 `1부터 10사이의 난수` 블록을 넣어 덧셈을 위한 두 수를 만듭니다.

> **Tip** `1부터 10사이의 난수` 블록의 입력값을 '1~9'로 설정합니다.

③ 감지 블록의 `~라고 묻고 기다리기` 블록에 연산 블록의 `~와(과) ~ 결합하기` 블록을 넣고, 입력값에 변수 블록의 `왼쪽`, `오른쪽` 변수를 넣어 출제 문항을 구성합니다.

④ 사용자의 답변과 `왼쪽`, `오른쪽` 변수의 덧셈 결과가 같은지를 판단하여 '정답'이나, '오답'을 방송합니다.

8 메시지 방송 처리 블록 구성하기

① 정답일 경우에는 '정답입니다.'를 말하고, 점수 변수에 1을 더합니다.

② 오답일 경우에는 '아쉽지만 틀렸습니다.'를 말하고, 점수 변수에서 1을 뺍니다.

③ 점수 변수의 값이 1보다 작아지면, '게임 끝' 메시지를 방송하여 퀴즈를 종료합니다.

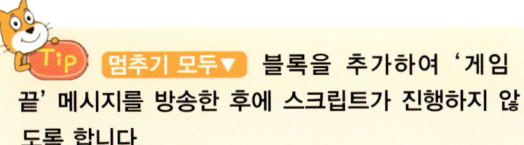
Tip 멈추기 모두▼ 블록을 추가하여 '게임 끝' 메시지를 방송한 후에 스크립트가 진행하지 않도록 합니다.

④ 게임을 종료할 경우에는 '게임 끝!'을 말하도록 합니다.

9 테스트하여 완성하기

① 무대 왼쪽 위의 🏁을 클릭하면 덧셈 문제가 출제됩니다.

② 무작위로 구성된 덧셈 문제에 대한 답변을 합니다.

③ 답변에 대하여 정답 또는 오답 처리를 합니다. 점수가 0 이하가 되면 게임이 종료됩니다.

전체코드 확인하기

다음은 완성된 스크래치 블록입니다. 무대 왼쪽 위의 🏁을 클릭하여 프로젝트를 실행합니다. 1~9 사이의 숫자를 활용하여 덧셈 퀴즈가 출제됩니다. 퀴즈에 대한 답변이 정답인 경우와 오답인 경우에 대해 점수를 설정하고, 점수가 0이 되면 퀴즈를 종료합니다.

프로젝트에서 사용한 블록 전체의 구성을 확인해 봅시다.

[Dee] 스프라이트를 구성하는 블록

공유하기

스크래치 홈페이지의 [내 작업실] 메뉴를 이용하여 내가 만든 프로젝트를 공유합니다. 전 세계의 여러 친구와 함께 아이디어를 나눠 봅시다.

프로젝트의 이름은 [17. 오늘의 퀴즈.sb3]로 합니다.

1. 내 컴퓨터에 저장하기
[파일→컴퓨터에 저장하기]를 선택하여 내 컴퓨터에 저장합니다.

2. 홈페이지에 저장하기
온라인 에디터 메뉴의 [파일→저장하기]를 선택하여 스크래치 홈페이지에 저장합니다.

3. 프로젝트 공유하기
[내 작업실]의 [공유되지 않은 프로젝트]에 등록된 프로젝트를 선택하여 [사용 방법]과 [참고 사항 및 참여자]를 입력한 후에 공유합니다.

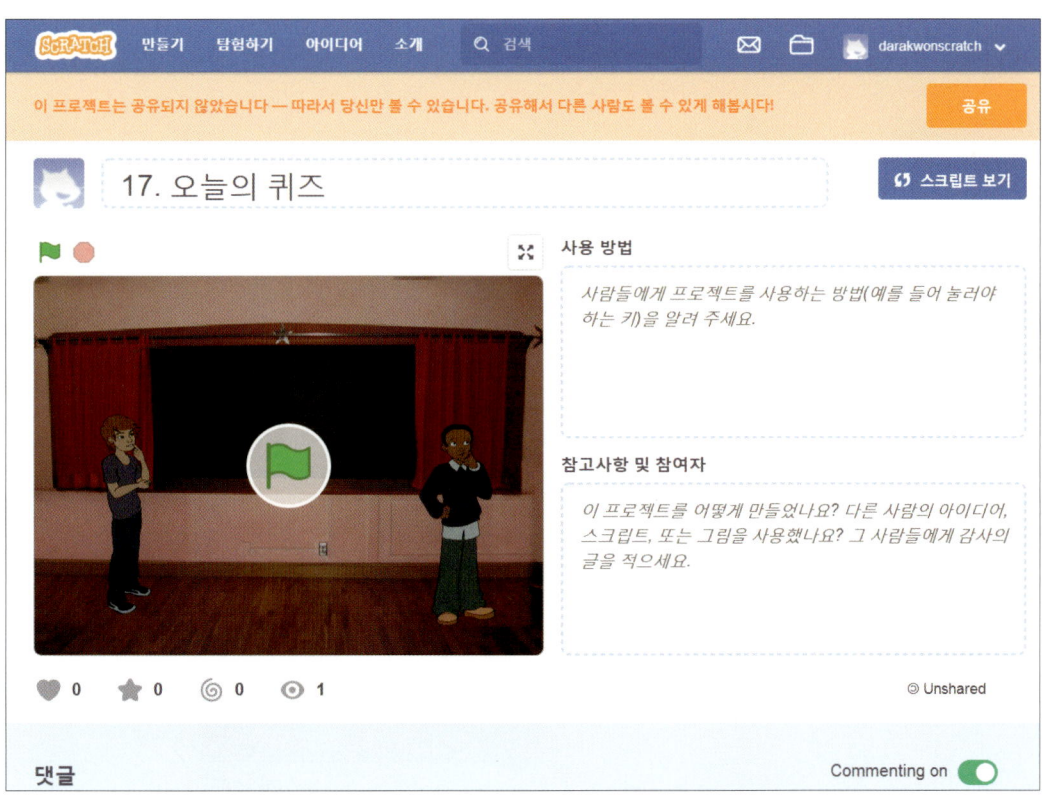

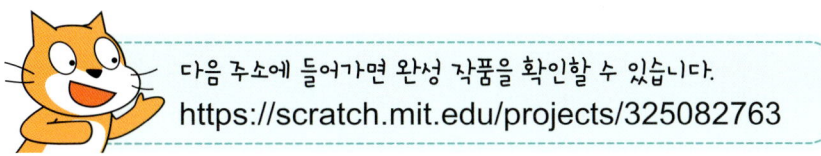

다음 주소에 들어가면 완성 작품을 확인할 수 있습니다.
https://scratch.mit.edu/projects/325082763

작품 속 코딩의 원리 한눈에 살펴보기

퀴즈 문제 만들기

연산 블록의 ~와(과) ~결합하기 블록을 이용하여 퀴즈 문제를 만들 수 있습니다. 1개의 블록으로 2개의 단어를 연결할 수 있으며, 4개의 단어를 연결하기 위해서는 3개의 블록을 결합하여 사용하면 됩니다.

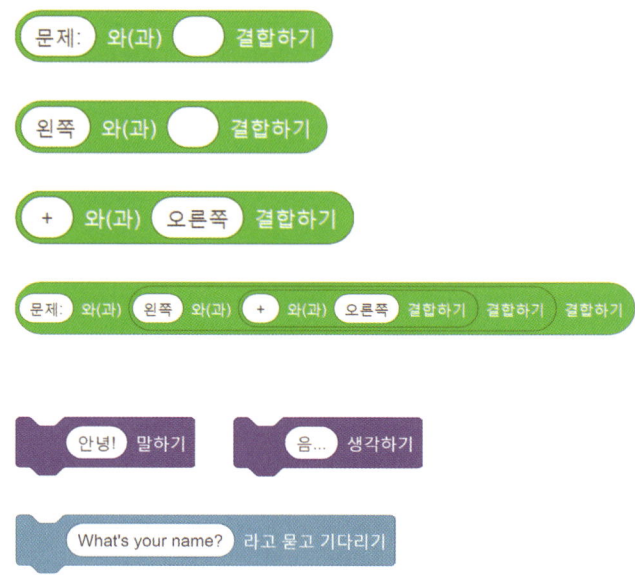

- 퀴즈 문제와 관련된 변수를 만들어서 블록을 구성하면 다양한 퀴즈 문제를 만들 수 있습니다.
- 연결된 블록은 형태 블록의 ~말하기, ~생각하기, 감지 블록의 ~라고 묻고 기다리기 등의 블록과 연결하여 사용합니다.

게임 점수 만들기

게임 점수를 저장하는 변수를 만듭니다. 게임의 규칙에 따라 변하는 점수를 계속 변수의 값으로 저장합니다.

 제어 블록과 연산 블록을 이용하여 점수를 판단합니다. 이를 통해 게임의 결과, 종료 또는 난이도 조절을 할 수 있습니다.

연습 문제 도전하기

정답 198~199쪽 ▶▶▶

1~9까지의 숫자를 이용한 덧셈 문제가 너무 쉬운가요? 그럼 1~9까지의 숫자로 곱셈 문제를 만들어 볼까요?

[점수] 변수의 값이 9보다 클 경우, 곱셈 문제를 내도록 만들어 보세요.

다음 블록들을 참고하여 구성해 보세요.

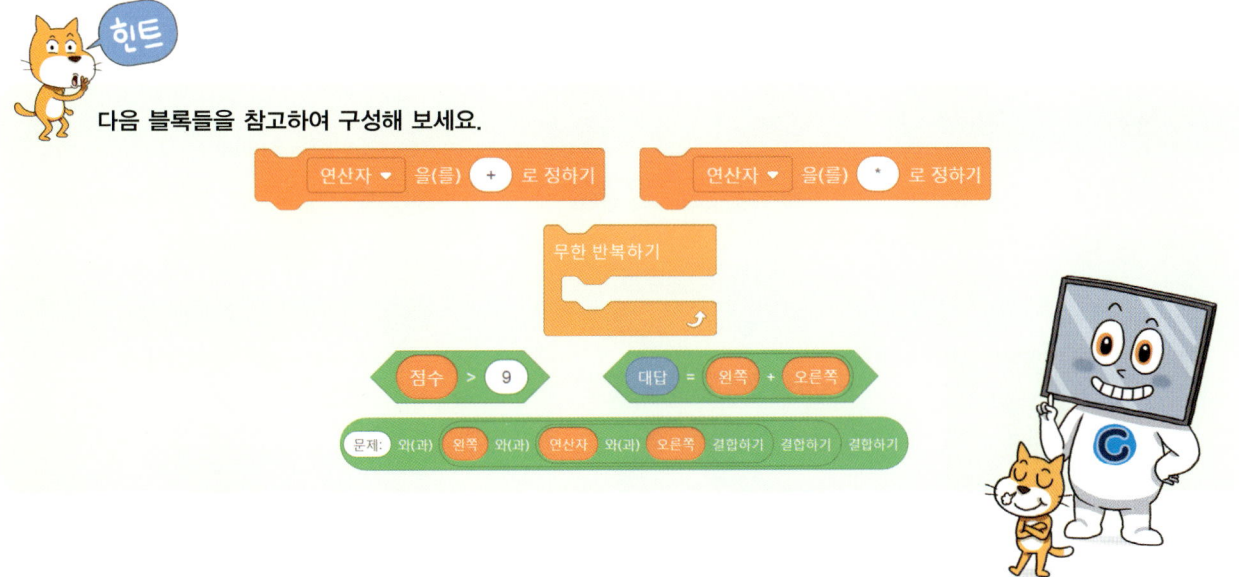

17일째_ **오늘의 퀴즈** 153

미로를 탈출하라!

? 무엇을 배울까요?

- 스프라이트가 특정 색깔에 닿았는지 감지하도록 만들어 봅니다.
- 스프라이트가 특정 스프라이트에 닿았는지 감지하도록 만들어 봅니다.
- 타이머를 이용하여 게임 시간을 측정해 봅니다.

완성 작품 미리 보기

우주선이 복잡하게 얽혀진 미로를 빠져나와서 노란색의 별에 도착할 수 있을까요? 키보드의 방향키로 우주선을 움직여서 미로를 빠져나가도록 만들어 봅시다!

QR코드로 작품을 미리 볼 수 있습니다.

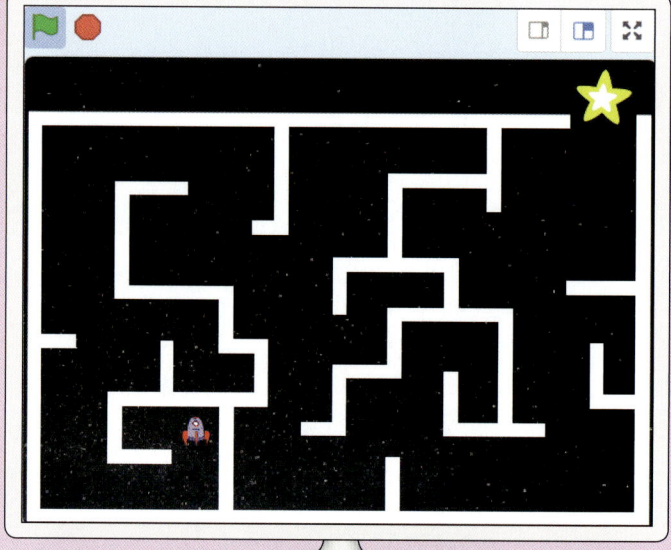

스프라이트/배경과 블록 살펴보기

스프라이트/배경	블록

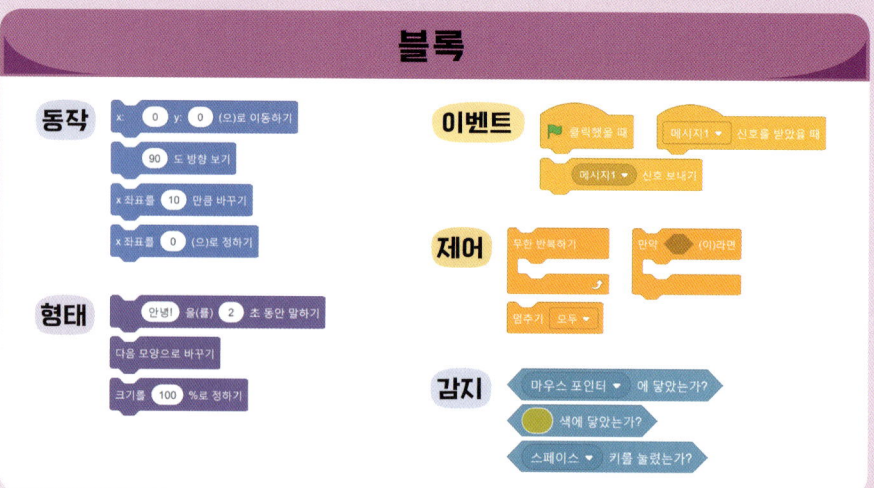

코딩 따라 하기

아래의 순서와 같이 9단계로 블록을 구성해 보자. ▶▶▶

1 시작하기

❶ 메뉴에서 [파일→새로 만들기]를 선택합니다.

❷ 새로운 화면이 시작됩니다.

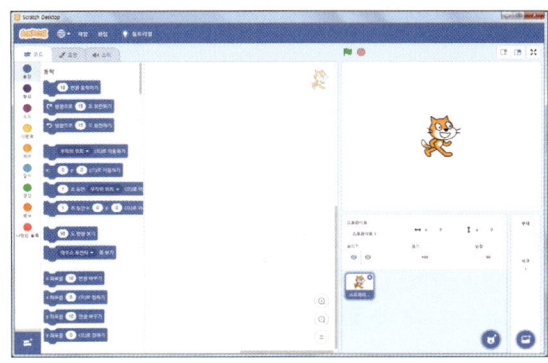

2 스프라이트 추가하기

❶ 스프라이트 목록의 [스프라이트 고르기] 메뉴에서 [스프라이트 고르기]를 클릭합니다.

> **Tip** 스프라이트 목록의 기본 스프라이트인 [고양이] 스프라이트를 삭제합니다.

❷ 스프라이트 고르기에서 [Rockship]과 [Star]를 선택합니다.

> **Tip** [Rockship], [Star] 스프라이트는 '스프라이트 고르기-목록-모두'에 있습니다.

❸ 스프라이트 목록의 [스프라이트 고르기] 메뉴에서 [스프라이트 업로드하기]를 클릭하여 예제 폴더에 있는 [미로]를 선택하여 가져옵니다.

18일째_ **미로를 탈출하라!** 155

3 배경 추가하기

❶ 무대 목록의 [배경 고르기] 메뉴에서 [배경 고르기]를 클릭합니다.

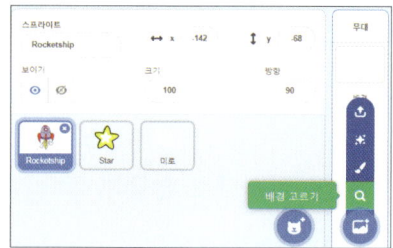

❷ 배경 고르기에서 [Stars]를 선택합니다.

> Tip [Stars] 배경은 '배경 고르기-주제별-우주'에 있습니다.

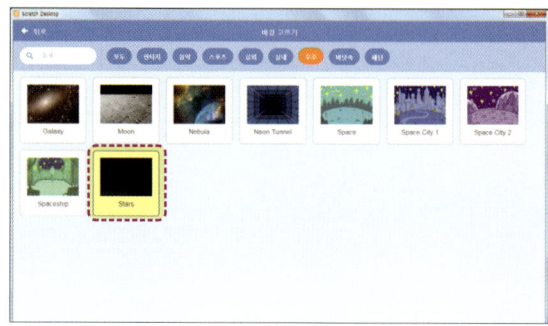

4 무대 구성하기

❶ 무대 위의 [Rocketship]과 [Star] 스프라이트를 마우스로 드래그하여 위치를 설정합니다.

❷ [Rocketship] 스프라이트는 미로의 아래에 갇혀있고, 탈출구에는 [Star] 스프라이트가 반짝이고 있는 모습으로 무대를 구성합니다.

> Tip 블록은 [Rocketship] 스프라이트에만 구성합니다.

5 방송 메시지 만들기

❶ 이벤트 블록의 `메시지1▼ 신호를 받았을 때`, `메시지1▼ 신호 보내기` 블록을 스크립트 영역으로 끌어다 놓습니다.

❷ 키보드의 방향키 중에서 위쪽 화살표를 눌렀다면, '위쪽 화살표' 메시지를 방송하는 블록을 구성합니다.

❸ 키보드의 방향키 중에서 아래쪽 화살표를 눌렀다면, '아래쪽 화살표' 메시지를 방송하는 블록을 구성합니다.

❹ 키보드의 방향키 중에서 왼쪽 화살표를 눌렀다면, '왼쪽 화살표' 메시지를 방송하는 블록을 구성합니다.

❺ 키보드의 방향키 중에서 오른쪽 화살표를 눌렀다면, '오른쪽 화살표' 메시지를 방송하는 블록을 구성합니다.

6 [Rocketship] 스프라이트의 초기화 블록 구성하기

❶ 이벤트 블록의 🏁 클릭했을 때, 형태 블록의 크기를 ~%로 정하기, 동작 블록의 90▼도 방향 보기, 동작 블록의 x: 0 y: 0(으)로 이동하기 블록을 스크립트 영역으로 끌어다 연결합니다.

> Tip: [Rocketship] 스프라이트의 크기를 '15%', 방향을 '90도', 출발 위치를 'x: -109, y: -112'로 설정합니다.

7 키보드 이벤트 블록 구성하기

❶ 이벤트 블록의 `클릭했을 때`, 제어 블록의 `무한 반복하기`, `만약 ~(이)라면` 블록을 연결하여 키보드 이벤트 블록을 구성합니다.

❷ 감지 블록의 `~▼ 키를 눌렀는가?`, 이벤트 블록의 `~▼ 신호 보내기` 블록을 가져와 키보드의 화살표 키를 누르면 발생하는 이벤트 블록을 만듭니다.

❸ 마지막으로 [Rocketship] 스프라이트가 미로의 탈출구에 있는 [Star] 스프라이트에 닿았는지를 판단하는 블록을 구성하기 위해 형태 블록의 `~을(를) ~초 동안 말하기`, 제어 블록의 `멈추기 모두▼`를 연결하여 [Rocketship] 스프라이트가 [Star] 스프라이트에 닿으면 '성공!'이라는 말이 나오고 게임을 종료하도록 합니다.

8 [Rocketship] 스프라이트 메시지 방송 처리 블록 구성하기

❶ '위쪽 화살표' 메시지를 받았다면, 방향을 위쪽인 '90도'로 설정하고, y축의 양의 방향으로 4만큼씩 이동합니다. [Rocketship] 스프라이트가 흰색의 미로에 닿았다면 충돌 전의 위치로 돌려줍니다.

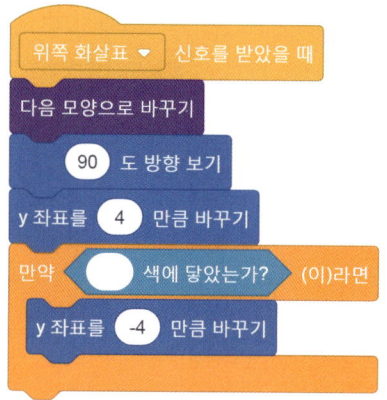

- [Rocketship] 스프라이트의 기본 방향이 90도이므로, 위쪽은 90도, 아래쪽은 -90도, 왼쪽은 0도, 오른쪽은 180도로 설정해야 합니다.
- `~색에 닿았는가?` 블록에서 색깔을 변경하려면, 블록의 색깔 영역을 마우스로 클릭한 후에 무대 위의 미로를 선택하면 됩니다.

❷ '아래쪽 화살표' 메시지를 받았다면, 방향을 아래쪽인 '-90도'로 설정하고, *y*축의 음의 방향으로 4만큼씩 이동합니다.

> **Tip** 음의 방향으로 4만큼씩 움직이는 것은 '-4'로 표기합니다. '-' 표시는 방향을 뜻합니다.

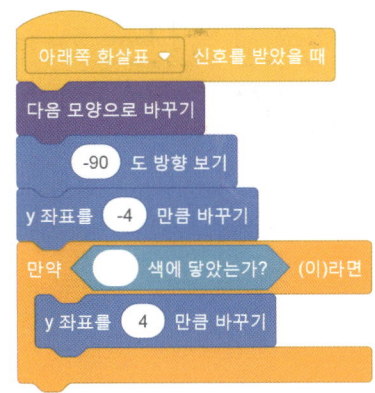

❸ '왼쪽 화살표' 메시지를 받았다면, 방향을 왼쪽인 '0도'로 설정하고, *x*축의 음의 방향으로 4만큼씩 이동합니다.

❹ '오른쪽 화살표' 메시지를 받았다면, 방향을 오른쪽인 '180도'로 설정하고, *x*축의 양의 방향으로 4만큼씩 이동합니다.

9 테스트하여 완성하기

❶ 무대 왼쪽 위의 🚩을 클릭하여 미로 탈출 게임을 시작합니다.

❷ 키보드의 방향키를 이용하여 우주선이 미로를 빠져나갈 수 있도록 합니다.

❸ 우주선이 미로에 부딪히면 반대 방향으로 밀려나 탈출이 늦어집니다. 마지막으로 우주선이 노란색의 별과 닿으면 미로 탈출에 성공한 것입니다.

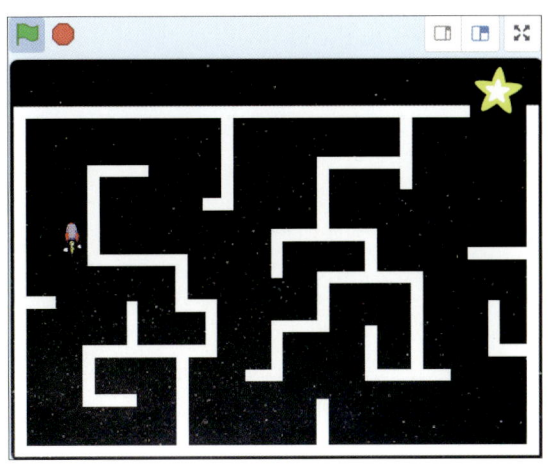

전체코드 확인하기

다음은 완성된 스크래치 블록입니다. 무대 왼쪽 위의 🏁을 클릭하여 프로젝트를 실행한 후, 키보드의 방향키를 이용하여 우주선을 움직입니다. 미로를 피해서 우주선이 노란색의 별에 닿으면 탈출 성공입니다.

프로젝트에서 사용한 블록 전체의 구성을 확인해 봅시다.

[Rocketship] 스프라이트를 구성하는 블록

공유하기

스크래치 홈페이지의 [내 작업실] 메뉴를 이용하여 내가 만든 프로젝트를 공유합니다. 전 세계의 여러 친구와 함께 아이디어를 나눠 봅시다.

프로젝트의 이름은 [18. 미로를 탈출하라!.sb3]로 합니다.

1. 내 컴퓨터에 저장하기
[파일→컴퓨터에 저장하기]를 선택하여 내 컴퓨터에 저장합니다.

2. 홈페이지에 저장하기
온라인 에디터 메뉴의 [파일→저장하기]를 선택하여 스크래치 홈페이지에 저장합니다.

3. 프로젝트 공유하기
[내 작업실]의 [공유되지 않은 프로젝트]에 등록된 프로젝트를 선택하여 [사용 방법]과 [참고 사항 및 참여자]를 입력한 후에 공유합니다.

다음 주소에 들어가면 완성 작품을 확인할 수 있습니다.
https://scratch.mit.edu/projects/325086168

작품 속 코딩의 원리 한눈에 살펴보기

충돌

"자동차 두 대가 서로 부딪쳤어요! 위험해요!"

위의 그림처럼 움직이는 두 물체가 접촉하여 짧은 시간 내에 서로의 힘을 미치는 것을 '충돌'이라고 합니다. 코딩의 원리 속에서도 충돌을 찾아볼 수 있습니다.

특정 스프라이트에 닿았는지 감지하기

감지 블록의 `~▼에 닿았는가?` 블록은 스프라이트가 지정된 스프라이트에 닿으면 스프라이트가 동작을 실행할 수 있도록 신호를 전달합니다. 예를 들어 앞에서 만든 프로젝트의 [Rocketship] 스프라이트가 [Star] 스프라이트에 닿았을 경우에 신호를 보내어 [Rocketship] 스프라이트에 구성된 블록 모둠의 동작을 실행하도록 합니다.

특정 색깔에 닿았는지 감지하기

감지 블록의 `~▼에 닿았는가?` 블록은 스프라이트가 지정된 색에 닿으면 스프라이트가 동작을 실행할 수 있도록 신호를 전달합니다. 예를 들어 앞에서 만든 프로젝트의 [Rocketship] 스프라이트가 미로를 빠져나가다가 흰색의 벽에 닿았을 경우에 신호를 보내어 [Rocketship] 스프라이트에 구성된 블록 모둠을 실행하도록 합니다.

정답 200~201쪽 ▶▶▶

혼자 게임을 하는 것보다 친구와 함께한다면 더 재미있겠죠? 타이머를 사용하여 누가 빨리 미로를 탈출하는지 대결해 봅시다.

미로를 탈출하는 데 걸리는 시간을 측정할 수 있도록 만들어 보세요.

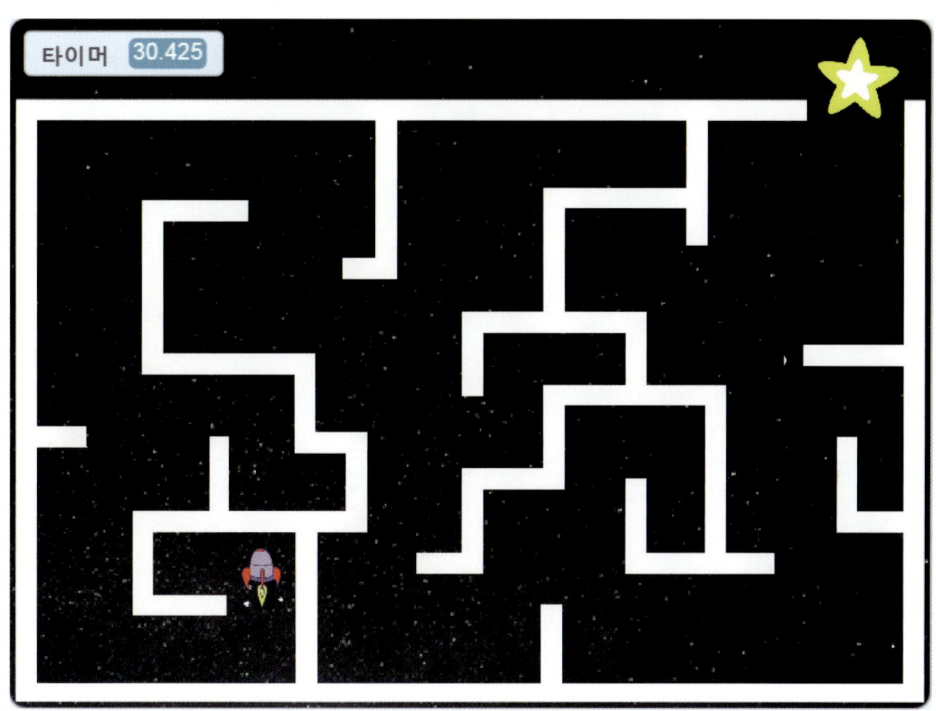

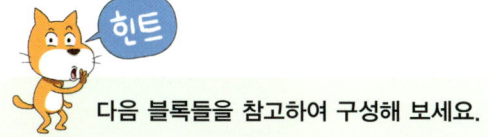
다음 블록들을 참고하여 구성해 보세요.

 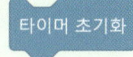

19일째 뻐꾸기시계

? 무엇을 배울까요?

- 여러 개의 스프라이트가 겹쳐질 때의 순서를 정해 봅니다.
- 시간 정보를 활용해 봅니다.
- 시계의 시침, 분침, 초침의 모양 중심을 고려한 회전 운동을 만들어 봅니다.

완성 작품 미리 보기

옛날 영화 속에서 뻐꾸기시계를 본 적 있나요? 정각이 되면 뻐꾸기 나와서 시각을 알려주는 것처럼 초침이 12시를 가리킬 때마다 뻐꾸기 대신 닭이 나와서 춤을 추는 시계를 만들어 봅시다!

 QR코드로 작품을 미리 볼 수 있습니다.

스프라이트/배경과 블록 살펴보기

164 4장_게임

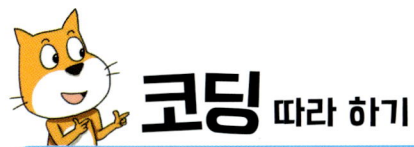
코딩 따라 하기

아래의 순서와 같이 10단계로 블록을 구성해 보자. ▶▶▶

1 시작하기

❶ 메뉴에서 [파일→새로 만들기]를 선택합니다.
❷ 새로운 화면이 시작됩니다.

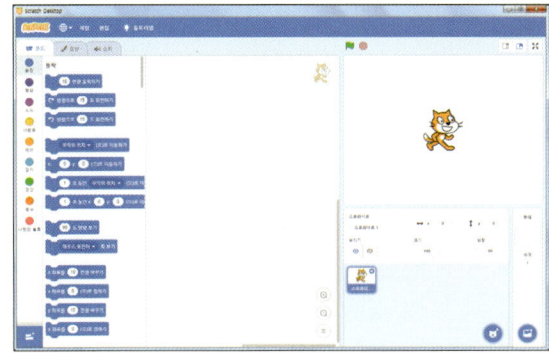

2 스프라이트 추가하기

❶ 스프라이트 목록의 [스프라이트 고르기] 메뉴에서 [스프라이트 고르기]를 클릭합니다.

> Tip 스프라이트 목록의 기본 스프라이트인 [고양이] 스프라이트를 삭제합니다.

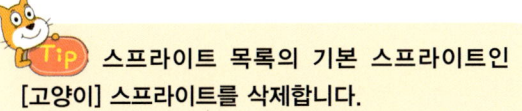

❷ 스프라이트 고르기에서 [Rooster]를 선택합니다.

> Tip [Rooster] 스프라이트는 '스프라이트 고르기-목록-동물'에 있습니다.

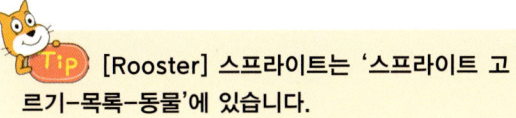

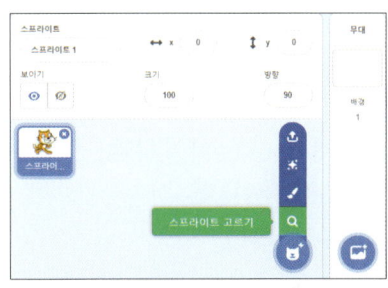

❸ 스프라이트 목록의 [스프라이트 고르기] 메뉴에서 [스프라이트 업로드하기]를 선택합니다.

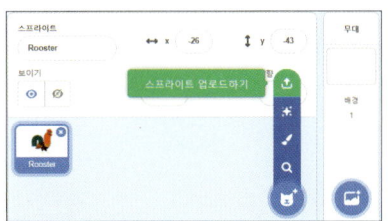

❹ [열기] 창이 뜨면, 다운로드받은 예제 파일에 있는 [시계], [시침], [분침], [초침] 파일을 선택하여 가져옵니다.

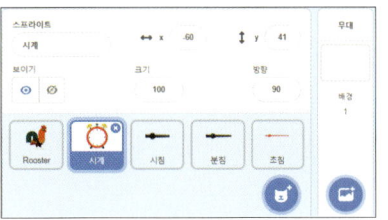

19일째_ 뻐꾸기시계 165

3 배경 추가하기

❶ 무대 목록의 [배경 고르기] 메뉴에서 [배경 고르기]를 클릭합니다.

❷ 배경 고르기에서 [Bedroom 1]을 선택합니다.

> Tip [Bedroom 1] 배경은 '배경 고르기-주제별-실내'에 있습니다.

4 무대 구성하기

❶ 무대 위의 [Rooster], [시계], [시침], [분침], [초침] 스프라이트를 마우스로 드래그하여 위치를 설정합니다.

❷ [시침] 스프라이트를 클릭한 후, 감지 블록의 `현재 ~▼` 블록에서 '시'를 선택하여 스크립트 영역으로 끌어다 놓습니다.

> Tip `현재 ~▼` 블록 왼쪽의 체크 박스를 클릭하여 무대에서 볼 수 있도록 합니다.

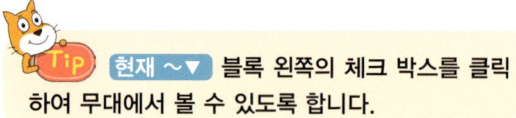

❸ 위와 같은 방법으로 [분침]과 [초침] 스프라이트를 클릭한 후, 감지 블록의 `현재 ~▼` 블록에서 '분'과 '초'를 선택하여 블록을 구성합니다.

5 방송 메시지 만들기

① 이벤트 블록의 `메시지1▼ 신호를 받았을 때`, `메시지1▼ 신호 보내기` 블록을 스크립트 영역으로 끌어다 놓습니다.

② 초기화 이후 시작을 알리는 '시작', 시각 표시를 할 '몇 시', 정해진 시각에 알람을 표시할 '뻐꾸기' 메시지를 추가하여 블록을 구성합니다.

6 [시계] 스프라이트의 초기화 블록 구성하기

① 이벤트 블록의 `🚩클릭했을 때`, 형태 블록의 `~▼ ~단계 보내기`, 동작 블록의 `x: 0 y: 0(으)로 이동하기`, 이벤트 블록의 `메시지1▼ 신호 보내기` 블록을 스크립트 영역으로 끌어다 연결합니다.

- [시계], [시침], [분침], [초침] 스프라이트가 겹쳐질 때 형태 블록의 `~▼ ~단계 보내기` 블록의 입력값을 '5'로 설정합니다.
- [시계] 스프라이트의 위치는 'x=-75, y=-30'으로 설정합니다.
- 이벤트 블록의 `메시지1▼ 신호 보내기` 블록의 선택 상자에서 '시작'을 선택하여, 현재 시각을 표현하도록 합니다.

7 현재 시각 및 알람 신호 보내기

❶ 이벤트 블록의 `시작▼ 신호를 받았을 때` 블록에 제어 블록의 `무한 반복하기` 블록을 연결하여 1초마다 '몇 시' 메시지를 방송하여 현재 시각을 표현하도록 구성합니다.

❷ 현재 초의 값이 0이라면 '뻐꾸기' 메시지를 방송하여 알람을 표현합니다.

> **Tip** 시간, 분, 초 단위를 설정한다면 원하는 때에 알람을 표현할 수 있습니다.

8 현재 시각 표현하기

❶ [시침] 스프라이트를 선택한 후, 이벤트 블록의 `몇 시▼ 신호를 받았을 때` 블록으로 현재의 시간 단위를 표현합니다.

> **Tip** [시계]와 [시침] 스프라이트의 모양 중심을 맞춘 후, [시계] 스프라이트의 가운데에서 회전 운동을 하도록 합니다.

❷ 컴퓨터에서 보내주는 시간은 24시간 단위이므로 이를 12시간 단위로 바꾸는 과정을 추가합니다.

> **Tip** 현재 시각 단위가 12시가 넘는다면 12를 빼서 표현합니다. 예를 들어 13시는 1시입니다. 또한, 시계의 시침은 12시간 동안 한 바퀴인 360도를 회전하므로, 1시간에 30도를 회전합니다. 따라서 현재 시각 단위에 30을 곱하여 회전시킵니다.

❸ [분침] 스프라이트에서 `몇 시▼ 신호를 받았을 때` 블록으로 현재 분 단위를 표현합니다.

> **Tip** 시계의 모양 중심과 분침의 모양 중심을 일치시키고, 분침은 60분 동안 한 바퀴를 회전하므로 1분에 6도를 회전하도록 합니다.

④ **[초침]** 스프라이트에서 `몇 시▼ 신호를 받았을 때`의 현재 초 단위를 표현합니다.

> **Tip** 시계의 모양 중심과 초침의 모양 중심을 일치시키고, 초침은 60분 동안 한 바퀴를 회전하므로 1초에 6도를 회전하도록 합니다.

9 알람 블록 구성하기

① **[Rooster]** 스프라이트를 클릭한 후, 이벤트 블록의 `클릭했을 때`, 동작 블록의 `x: 0 y: 0 (으)로 이동하기`, 형태 블록의 `숨기기` 블록을 스크립트 영역으로 끌어다 연결하여 ▶을 클릭했을 때 **[Rooster]** 스프라이트가 보이지 않도록 구성합니다.

② 매분 방송되는 **[뻐꾸기]** 메시지를 받으면, **[Rooster]** 스프라이트가 보이도록 하고, 모양과 소리를 재생하여 알람을 표현합니다.

③ 마지막으로 형태 블록의 `숨기기` 블록을 가져와 **[Rooster]** 스프라이트가 알람이 끝나면 다시 보이지 않도록 합니다.

10 테스트하여 완성하기

① 무대 왼쪽 위의 ▶을 클릭하면 현재 시각을 시계로 표현합니다.

② 1초마다 현재 시각을 표현하도록 하여, 진짜 시계처럼 시곗바늘이 회전합니다.

③ 초의 값이 0이 될 때마다 닭이 춤을 춰 알람을 표현합니다.

전체코드 확인하기

다음은 완성된 스크래치 블록입니다. 무대 왼쪽 위의 🏁을 클릭하여 현재 시각을 시계로 확인할 수 있습니다. 또한, 시침이 0에 도달하면 닭이 나와 춤을 추는 것을 볼 수 있습니다.

프로젝트에서 사용한 블록 전체의 구성을 확인해 봅시다.

[시계] 스프라이트를 구성하는 블록

[시침] 스프라이트를 구성하는 블록

[분침] 스프라이트를 구성하는 블록

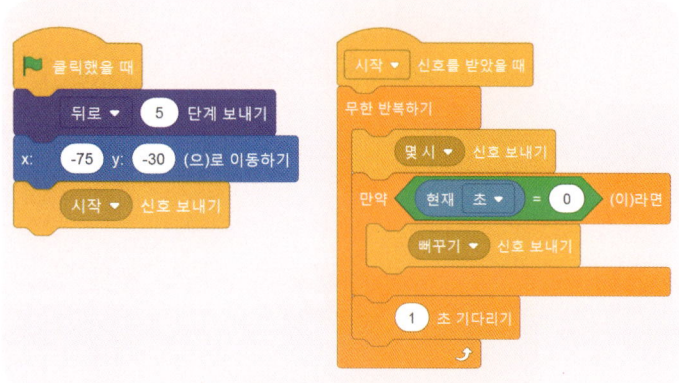

[초침] 스프라이트를 구성하는 블록

[Rooster] 스프라이트를 구성하는 블록

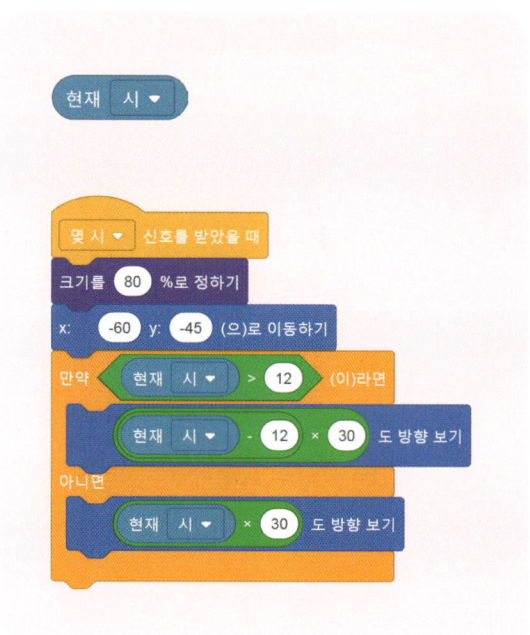

공유하기

스크래치 홈페이지의 **[내 작업실]** 메뉴를 이용하여 내가 만든 프로젝트를 공유합니다. 전 세계의 여러 친구와 함께 아이디어를 나눠 봅시다.

프로젝트의 이름은 **[19. 뻐꾸기시계.sb3]**로 합니다.

1. 내 컴퓨터에 저장하기
[파일→컴퓨터에 저장하기]를 선택하여 내 컴퓨터에 저장합니다.

2. 홈페이지에 저장하기
온라인 에디터 메뉴의 [파일→저장하기]를 선택하여 스크래치 홈페이지에 저장합니다.

3. 프로젝트 공유하기
[내 작업실]의 [공유되지 않은 프로젝트]에 등록된 프로젝트를 선택하여 [사용 방법]과 [참고 사항 및 참여자]를 입력한 후에 공유합니다.

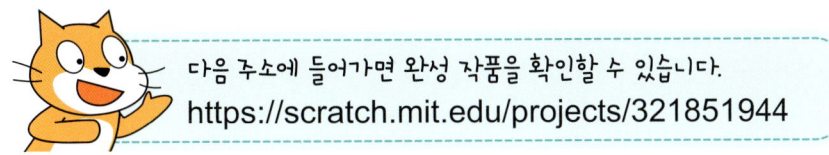

다음 주소에 들어가면 완성 작품을 확인할 수 있습니다.
https://scratch.mit.edu/projects/321851944

작품 속 코딩의 원리 한눈에 살펴보기

레이어

레이어는 '층'이라는 뜻으로, 컴퓨터의 그래픽 소프트웨어 등에서 많이 사용하는 용어입니다. 스크래치 프로그램의 무대 위에서 여러 개의 스프라이트가 겹치는 경우에 서로의 공간적인 위치를 표현할 수 있도록 레이어(Layer)라는 개념을 사용합니다. 예를 들어 투명한 건물의 옥상에서 아래를 내려다볼 때, 보이는 각 층을 레이어라고 생각할 수 있습니다. 층마다 하나의 스프라이트가 있다고 생각을 한다면, 이 순서를 바꿔서 공간적인 위치를 표현할 수 있습니다.

> Tip 무대 위에서 상위 레이어에 있는 스프라이트는 하위 레이어의 스프라이트를 가리게 됩니다. 형태 블록의 맨 앞쪽▼ 으로 순서 바꾸기 , 앞으로▼ 1단계 보내기 블록을 이용하여 레이어의 위치를 변경할 수 있습니다.

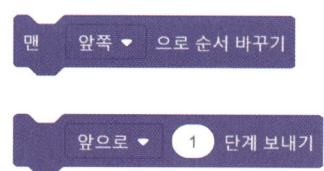

시간 정보 활용하기

감지 블록의 현재 년▼ 블록을 통해 컴퓨터의 시간 정보를 확인할 수 있습니다. 현재 년▼ 블록의 선택 상자에서 년, 월, 일, 요일, 시, 분, 초 총 7개의 입력값을 선택할 수 있습니다. 이 블록을 활용하여 시간 정보에 관련된 다양한 표현이 가능합니다.

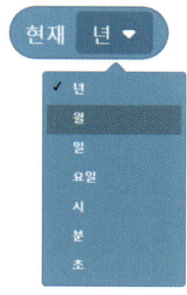

연습 문제 도전하기

정답 202~203쪽 ▶▶▶

시침이 분침의 위치에 따라 다음 시간의 숫자에 가까이 가도록 만들어 볼까요? 예를 들어 4시 30분이라면 시침은 4시와 5시 사이의 가운데에 있게 됩니다. 이를 참고하여 시계를 좀 더 세밀하게 만들어 봅시다.

앞에서 만든 프로젝트를 활용하여 시계의 시침을 좀 더 세밀하게 표현해 보세요.

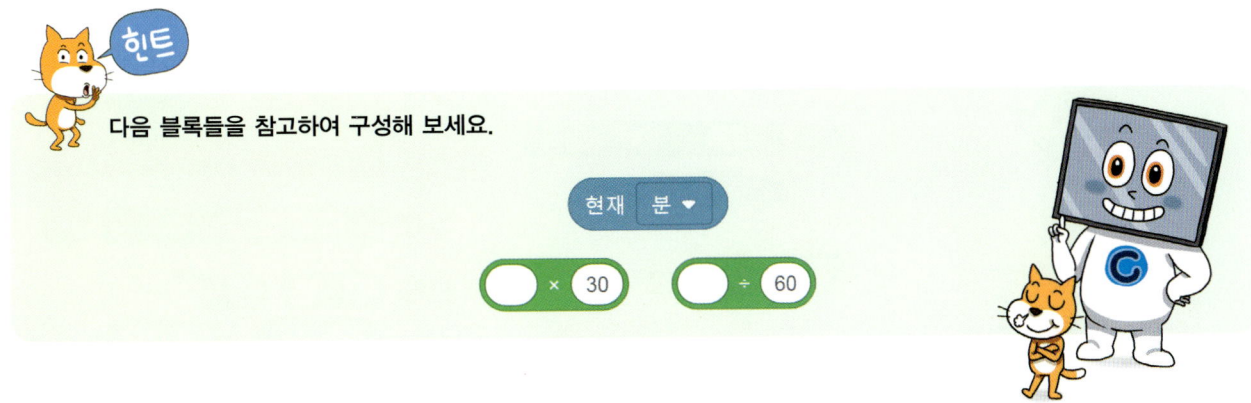

다음 블록들을 참고하여 구성해 보세요.

20일째 비만도 계산하기

무엇을 배울까요?

- 수학 공식인 BMI 지수를 이용해 봅니다.
- 조건식으로 구간 값을 결정해 봅니다.
- 사용자의 몸무게와 키를 입력해서 비만도를 구해 봅니다.

완성 작품 미리 보기

나는 날씬한가요? 뚱뚱한가요? 몸무게(kg)를 키(m)의 제곱으로 나눈 값인 체질량 지수를 이용하여 자신의 비만도를 계산할 수 있습니다. 체질량 지수는 BMI(Body Mass Index) 지수라고도 합니다. 나의 비만도를 계산해 봅시다!

 QR코드로 작품을 미리 볼 수 있습니다.

스프라이트/배경과 블록 살펴보기

코딩 따라 하기

아래의 순서와 같이 9단계로 블록을 구성해 보자. ▶▶▶

1 시작하기

① 메뉴에서 [파일→새로 만들기]를 선택합니다.
② 새로운 화면이 시작됩니다.

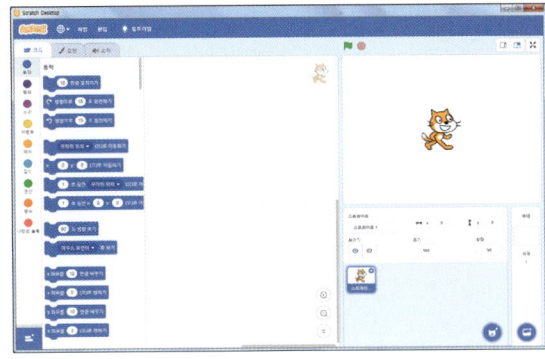

2 스프라이트 추가하기

① 스프라이트 목록의 [스프라이트 고르기] 메뉴에서 [스프라이트 고르기]를 클릭합니다.

> **Tip** 스프라이트 목록의 기본 스프라이트인 [고양이] 스프라이트를 삭제합니다

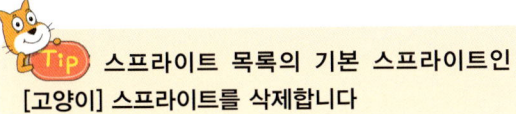
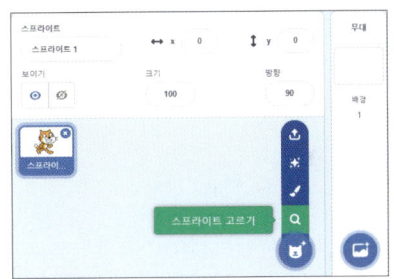

② 스프라이트 고르기에서 [Giga]를 선택합니다.

> **Tip** [Giga] 스프라이트는 '스프라이트 고르기-목록-판타지'에 있습니다.

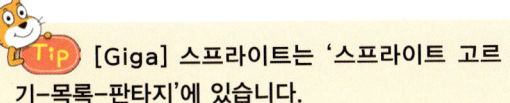
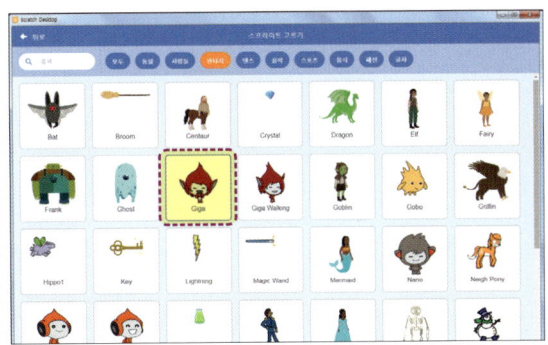

20일째_ **비만도 계산하기**

3 배경 추가하기

❶ 무대 목록의 [**배경 고르기**] 메뉴에서 [**배경 고르기**]를 클릭합니다.

❷ 배경 고르기에서 [**Room2**]를 선택합니다.

> Tip [Room2] 배경은 '배경 고르기-목록-실내'에 있습니다.

4 변수 만들기

❶ 변수 블록의 [**변수 만들기**]를 클릭하여 [**키**] 변수를 만듭니다.

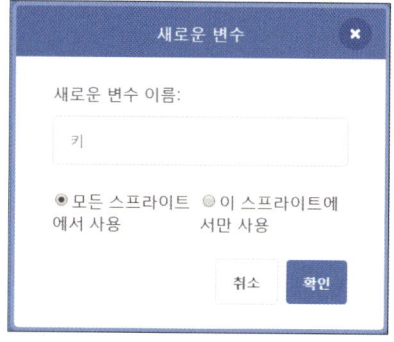

❷ 위와 같은 방법으로 [**몸무게**] 변수를 추가합니다.

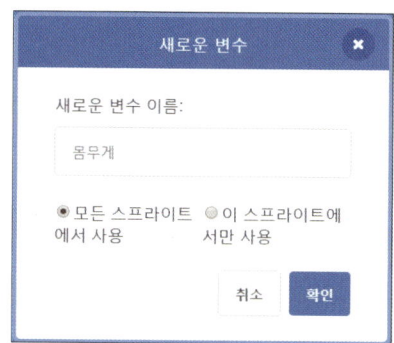

❸ 위와 같은 방법으로 [**비만도**] 변수를 추가합니다.

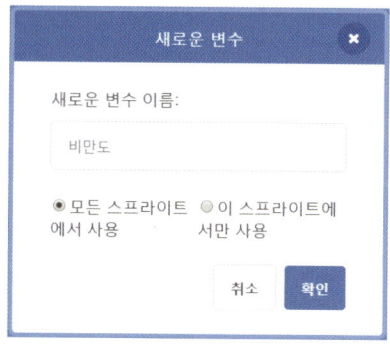

5 방송 메시지 만들기

❶ 이벤트 블록의 `메시지1▼ 신호를 받았을 때`, `메시지1▼ 신호 보내기` 블록을 스크립트 영역으로 끌어다 놓습니다.

❷ 선택 상자를 클릭하여 새 메시지를 선택하면 **[새로운 메시지]** 창이 뜹니다.

❸ 메시지 이름에 '비만도 계산하기'를 입력하고, **[확인]** 버튼을 클릭합니다.

❹ `비만도 계산하기▼ 신호를 받았을 때`, `비만도 계산하기▼ 신호 보내기` 블록이 만들어집니다.

❺ 두 블록은 사용자의 키와 몸무게를 입력받은 후, 비만도(BMI) 지수를 계산하는 데 사용됩니다.

6 [Giga] 스프라이트 초기화 블록 구성하기

❶ 이벤트 블록의 `클릭했을 때` 블록과 동작 블록의 `x: 0 y: 0(으)로 이동하기` 블록을 연결하여 위치를 설정하고, 제어 블록의 `무한 반복하기` 블록을 연결하여 모양을 계속 바꾸도록 합니다.

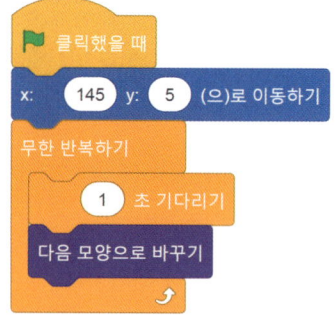

❷ 이벤트 블록의 `클릭했을 때` 블록을 스크립트 영역으로 끌어다 놓습니다.

❸ '지금부터 비만도 계산을 하겠습니다.'라는 말을 한 후, 몸무게(kg)를 입력하여 [몸무게] 변수에 저장합니다.

❹ 다음으로 키(m)를 입력하여 [키] 변수에 저장한 후, '비만도 계산하기' 메시지를 방송합니다.

7 비만도 계산하기

❶ '비만도 계산하기' 메시지를 받으면 입력받은 몸무게와 키의 값을 이용하여 비만도를 계산합니다.

❷ 계산한 비만도의 값을 `비만도` 변수에 저장한 후, 이를 이용하여 비만도를 판정합니다.

> **Tip**
>
> $$\text{BMI 지수 (=체질량지수)} = \frac{\text{체중}_{(kg)}}{\text{신장}_{(m)} \times \text{신장}_{(m)}}$$

8 비만도 판정하기

① 앞에서 만든 비만도 계산하기 블록 모둠에 비만도 판정하기 블록 모둠을 구성합니다.

② 제어 블록의 `만약 ~(이)라면` 블록에 `비만도` 변수에 저장된 값을 이용하여 비만도의 결과를 말하기 블록으로 알려줍니다.

> **Tip** 비만도는 저체중, 정상, 과체중, 비만, 고도 비만의 5가지 구간으로 구분합니다.

③ 비만도를 말한 후, 제어 블록의 `멈추기 모두▼` 블록을 이용하여 판정을 종료합니다.

> **Tip** 구간을 설정할 때에는 작은 값부터 큰 값으로 판정해야 합니다. 예를 들어 29라면 30 미만의 구간에서 판정되어야 하나 40 미만의 구간에서도 참이 되어 잘못된 판정을 하게 되기 때문입니다.

9 테스트하여 완성하기

① 무대 왼쪽 위의 🏳을 클릭하여 비만도 계산을 시작합니다.

② 사용자의 몸무게(kg)와 키(m)를 묻고 입력을 기다립니다.

③ 입력된 몸무게와 키를 이용하여 비만도(BMI) 지수를 계산합니다.

④ 구간별 판정에 따라 비만도 지수를 알려주고 종료합니다.

전체코드 확인하기

다음은 완성된 스크래치 블록입니다. 무대 왼쪽 위의 ▶을 클릭하여 프로젝트를 시작합니다.

▶을 클릭하면 비만도 지수를 측정할 수 있습니다. 자신의 몸무게와 키를 입력한 후, 비만도를 측정해 봅니다.

프로젝트에 사용한 블록 전체의 구성을 확인해 봅시다.

[Giga] 스프라이트를 구성하는 블록

공유하기

스크래치 홈페이지의 **[내 작업실]** 메뉴를 이용하여 내가 만든 프로젝트를 공유합니다. 전 세계의 여러 친구와 함께 아이디어를 나눠 봅시다.

프로젝트의 이름은 **[20. 비만도 계산하기.sb3]**로 합니다.

1. 내 컴퓨터에 저장하기
[파일→컴퓨터에 저장하기]를 선택하여 내 컴퓨터에 저장합니다.

2. 홈페이지에 저장하기
온라인 에디터 메뉴의 [파일→저장하기]를 선택하여 스크래치 홈페이지에 저장합니다.

3. 프로젝트 공유하기
[내 작업실]의 [공유되지 않은 프로젝트]에 등록된 프로젝트를 선택하여 [사용 방법]과 [참고 사항 및 참여자]를 입력한 후에 공유합니다.

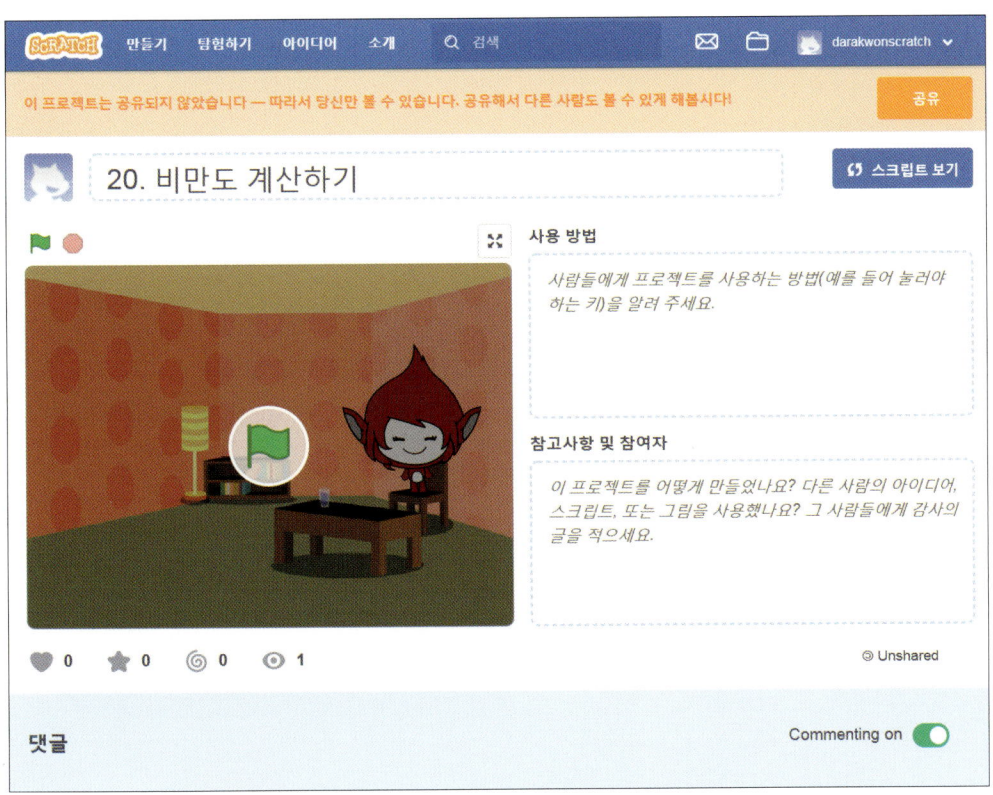

다음 주소에 들어가면 완성 작품을 확인할 수 있습니다.
https://scratch.mit.edu/projects/325093314

작품 속 코딩의 원리 한눈에 살펴보기

수학 공식 이용하기

앞에서 배운 프로젝트에서는 'BMI 지수'를 만들어 보았습니다. BMI 지수를 나타내기 위해서 형태 블록의 ~▼을(를) ~로 정하기 블록의 입력값에 변수 블록과 연산 블록으로 만든 BMI 지수 공식을 넣어 구성하였습니다. 사용자로부터 입력받은 값이나 블록을 실행하는 중에 만들어지는 값을 이용하여 여러 가지 수학 공식을 표현할 수 있습니다.

BMI(Body Mass Index) 지수

키와 몸무게를 이용하여 지방의 양을 추정하는 비만 측정법으로, 체질량 지수라고도 합니다. 몸무게를 키의 제곱으로 나눈 값을 5구간(저체중, 정상, 과체중, 비만, 고도 비만)의 수치에 비교하여 비만 정도를 측정합니다. 이는 지금까지 질병관리본부와 대한비만학회에서 비만을 판단하는 기준으로 사용하고 있습니다.

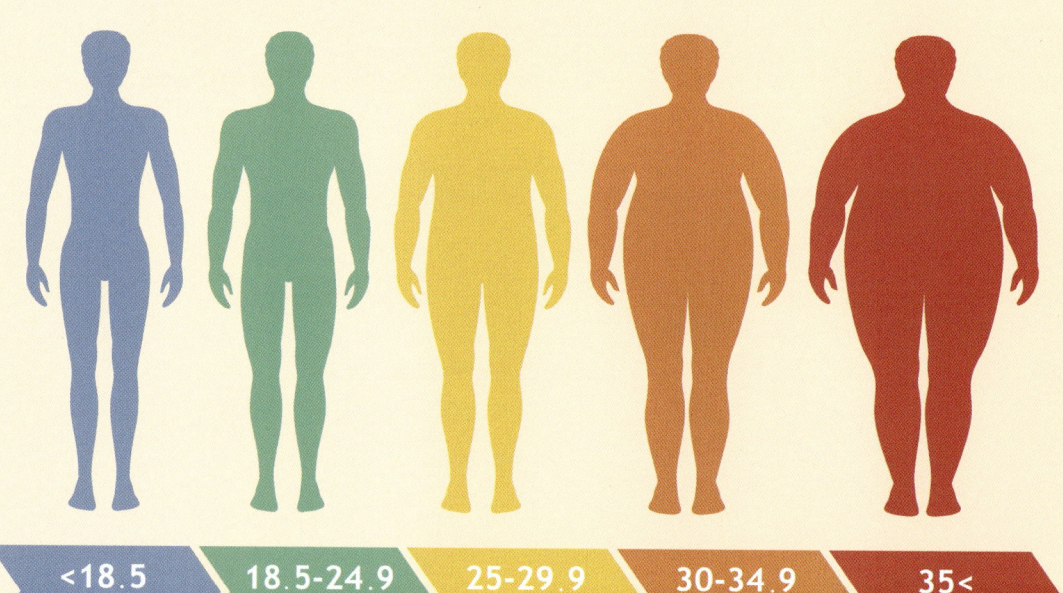

연습 문제 도전하기

정답 204~205쪽 ▶▶▶

마우스 왼쪽 버튼으로 숫자를 높이거나 낮출 수 있도록 구성된 화살표를 클릭하여 자신의 몸무게와 키를 입력할 수 있도록 만들어 봅시다.

마우스 왼쪽 버튼을 클릭하여 몸무게와 키를 입력할 수 있도록 만들어 보세요.

다음 블록들을 참고하여 구성해 보세요.

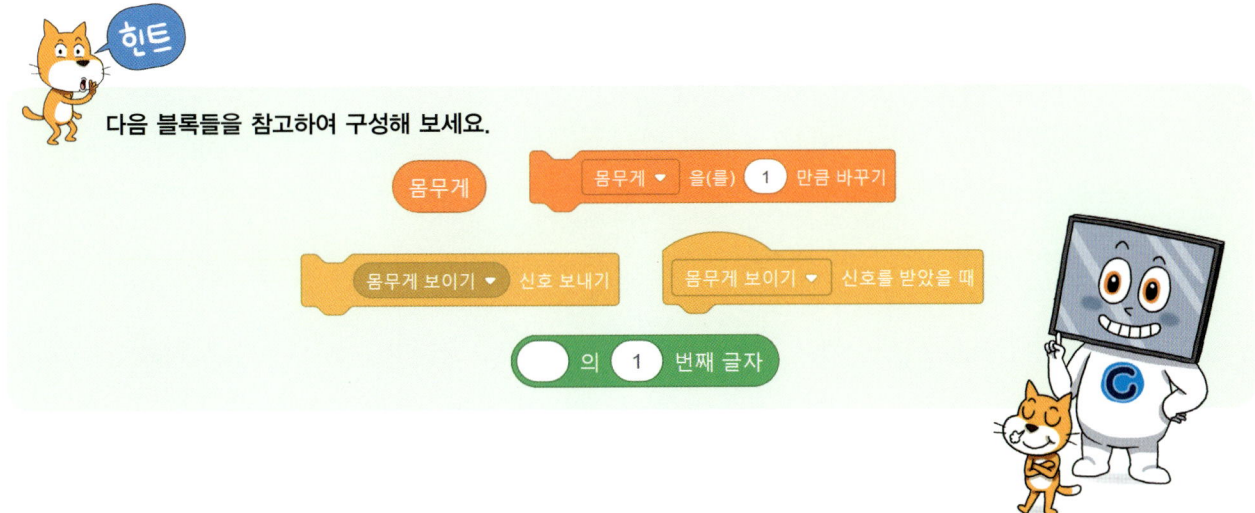

20일째_ **비만도 계산하기** 183

부록

- 연습 문제 정답
- 블록 설명 모음

8일째 다 같이 돌자 동네 한 바퀴 (67쪽)

https://scratch.mit.edu/projects/325094443 ▼

[Avery walker] 스프라이트 처음 상태 블록 구성

❶ 이벤트 블록의 ▶클릭했을 때 블록으로 구성을 시작합니다.

❷ [Avery walker] 스프라이트의 처음 위치를 설정합니다.

❸ 무대 목록을 선택한 후, [모양] 탭의 첫 번째에 위치한 배경으로 처음 모양을 설정합니다.

> **Tip** 스프라이트의 처음 상태를 별도의 블록으로 구성하면, 스프라이트의 다른 블록을 추가로 구성하기 쉬워집니다.

[Avery walker] 스프라이트 반복 이동 블록 구성

❶ 이벤트 블록의 ▶클릭했을 때 블록으로 구성을 시작합니다.

❷ 제어 블록의 무한 반복하기 블록 안에 [Avery walker] 스프라이트가 오른쪽으로 모양을 바꾸며 이동하도록 합니다.

❸ 제어 블록의 만약 ~(이)라면 블록을 이용하여 스프라이트가 벽에 닿았는지를 판단하게 합니다.

❹ [Avery walker] 스프라이트가 벽에 닿으면 배경의 모양을 바꾸고 [Avery walker] 스프라이트를 시작 위치로 이동해서 계속 움직이도록 구성합니다.

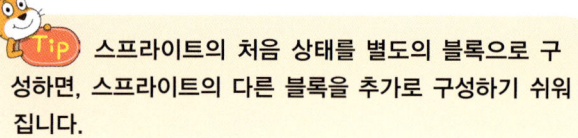

9일째 스톱 모션 애니메이션 (75쪽)

https://scratch.mit.edu/projects/325094830

[카운트다운] 스프라이트 블록 구성

❶ 이벤트 블록의 [클릭했을 때] 블록으로 구성을 시작합니다.

❷ [카운트다운] 스프라이트의 처음 위치와 모양, 그리고 배경을 설정합니다.

❸ [카운트다운] 스프라이트가 모양을 1초마다 다음 모양으로 변경하여 스톱 모션 효과가 있는 애니메이션을 만듭니다.

❹ 카운트다운이 완료된 후에 [카운트다운] 스프라이트를 보이지 않게 하고, 배경을 변경합니다.

[Anina Dance] 스프라이트 블록 구성

❶ 이벤트 블록의 [클릭했을 때] 블록으로 구성을 시작합니다.

❷ [Anina Dance] 스프라이트가 카운트다운하는 4초 동안 보이지 않게 합니다.

❸ 카운트다운이 끝난 후에 장면이 전환되면 [Anina Dance] 스프라이트가 춤추는 모습이 연출되도록 제어 블록의 [무한 반복하기] 블록 안에서 모양을 바꾸는 블록을 구성합니다.

10일째 애완 로봇 찍찍이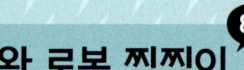

https://scratch.mit.edu/projects/325200671 ▼

[Mouse1] 스프라이트 블록 구성

❶ 이벤트 블록의  클릭했을 때 블록으로 구성을 시작합니다.

❷ [Mouse1] 스프라이트의 처음 위치와 방향을 설정합니다.

❸ [Mouse1] 스프라이트가 움직이는 모습을 표현하기 위해 0.05초마다 모양을 계속해서 변경하면서 10만큼씩 이동하도록 합니다. 이때 [Mouse1] 스프라이트가 마우스 포인터 쪽을 향해서 움직이도록 합니다.

> **Tip** 무대 위에서 마우스를 움직이면 [Mouse1] 스프라이트가 마우스를 따라서 움직이는 모습을 표현하고 있습니다.

[Donut] 스프라이트 블록 구성

❶ 이벤트 블록의 클릭했을 때 블록으로 구성을 시작합니다.

❷ [Donut] 스프라이트의 처음 위치와 크기를 설정합니다.

❸ 감지 블록의 마우스의 x좌표 블록과 마우스의 y좌표 블록을 [Donut] 스프라이트의 x, y좌표와 같게 만들어서 마우스의 위치와 [Donut] 스프라이트의 위치를 같게 만들어 줍니다.

11일째 지구를 굴려 보자! (93쪽)

https://scratch.mit.edu/projects/325204222

[고양이] 스프라이트 블록 구성

❶ 이벤트 블록의 🚩클릭했을 때 블록으로 구성을 시작합니다.

❷ [고양이] 스프라이트의 처음 위치와 방향을 설정합니다.

❸ 제어 블록의 무한 반복하기 블록 안에 오른쪽과 왼쪽 화살표 키를 눌렀을 때, 각 방향으로 10만큼 움직이도록 블록을 구성합니다.

❹ [고양이] 스프라이트가 벽에 닿으면 180도를 회전시켜 반대 방향으로 10만큼 움직이도록 합니다.

> **Tip** 10만큼 움직이기 블록을 추가한 이유는 벽에 닿은 스프라이트의 위치를 진행 방향으로 움직여 벽에서 떨어뜨려야 합니다. 그렇지 않으면, 벽에 닿아 있는 채로 계속해서 180도 돌기를 합니다.

[Earth] 스프라이트 블록 구성

❶ 이벤트 블록의 🚩클릭했을 때 블록으로 구성을 시작합니다.

❷ [Earth] 스프라이트의 처음 위치와 방향을 설정합니다.

❸ 제어 블록의 무한 반복하기 블록 안에 오른쪽과 왼쪽 화살표 키를 눌렀을 때, 각 방향으로 15도씩 굴러가도록 구성합니다.

❹ [Earth] 스프라이트가 벽에 닿으면 90도를 회전시켜 반대 방향으로 10만큼 움직이도록 합니다.

스크래치 마법 학교 101쪽

https://scratch.mit.edu/projects/325204871 ▼

[Dani] 스프라이트 블록 구성

❶ 이벤트 블록의 `클릭했을 때` 블록으로 구성을 시작합니다.

❷ 🚩을 클릭하여 이전에 도장 찍기로 만들어진 [Dani] 스프라이트의 복제된 모양이 지워지도록 하고, 처음 위치와 크기를 설정합니다.

❸ [Dani] 스프라이트를 클릭하면, [Dani] 스프라이트의 모양을 0.5초마다 5번을 복제하도록 설정합니다.

❹ [Dani] 스프라이트를 복제할 때에는 연산 블록의 `1부터 10사이의 난수` 블록을 이용하여 x좌표 위에서 다양한 모양과 색깔 효과가 적용되도록 구성합니다.

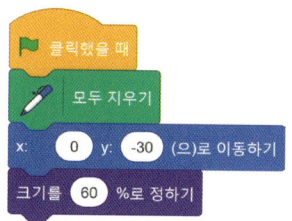

> Tip 무대 위의 [Dani] 스프라이트는 마우스로 드래그하여 위치를 옮길 수 있지만, `도장찍기` 블록에 의해 모양이 복제된 것은 드래그되지 않습니다.

13일째 연주 발표회 109쪽

https://scratch.mit.edu/projects/325207944

[Drum Kit] 스프라이트 블록 구성

❶ 이벤트 블록의 `스페이스▼ 키를 눌렀을 때` 블록으로 구성을 시작합니다.

❷ `스페이스▼ 키를 눌렀을 때` 블록의 '▼'를 클릭하여 선택 상자에서 숫자 '1'을 선택합니다. 키보드의 숫자 키를 누르면 해당하는 악기가 연주됩니다.

❸ [Drum Kit] 스프라이트 블록을 구성한 것처럼 나머지 스프라이트들의 블록을 같은 형태로 만듭니다.

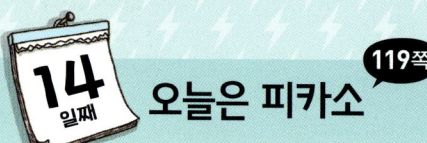

https://scratch.mit.edu/projects/325220875

[Pencil] 스프라이트 블록 구성

❶ 이벤트 블록의 `클릭했을 때` 블록으로 구성을 시작합니다.

❷ [Pencil] 스프라이트의 처음 위치와 변수, 그리고 그리기 초기화를 설정합니다.

❸ 이벤트 블록의 `스페이스▼ 키를 눌렀을 때` 블록의 '▼'를 클릭하여 선택 상자에서 'e'를 선택한 후, 펜 블록의 `모두 지우기` 블록을 연결합니다.  키를 누르면 무대 위에 그려져 있는 그림을 한 번에 지울 수 있습니다.

❹ 이벤트 블록의 `클릭했을 때` 블록으로 구성을 시작합니다.

❺ 동작 블록의 `마우스 포인터▼ (으)로 이동하기` 블록을 이용하여 마우스 포인터의 위치로 [Pencil] 스프라이트의 모양 중심이 일치한 채로 반복하여 이동하도록 합니다.

❻ 마우스를 클릭한 상태라면 현재 설정된 변수의 값으로 펜 색깔과 펜 굵기의 값을 일치시키고, 펜을 내려 그림을 그리도록 합니다. 또한, 마우스를 클릭하지 않은 상태라면 펜을 올려 그림 그리기를 멈추도록 합니다.

15일째 나의 꿈, 나의 미래 (129쪽)

https://scratch.mit.edu/projects/325221267

배경 스크립트 블록 구성

① 무대 목록의 무대를 클릭한 후, '처음으로, 댄서, 탐험가' 메시지를 받았을 때, 그에 알맞은 배경이 보이도록 배경을 선택하여 각각의 블록을 구성합니다.

[Abby] 스프라이트 블록 구성

① 이벤트 블록의 `클릭했을 때`와 `이 스프라이트를 클릭했을 때` 블록에 `처음으로▼ 신호 보내기` 블록을 연결하여, 깃발이나 [Abby] 스프라이트를 클릭하면 '처음으로' 메시지를 방송하여 초기화하도록 구성합니다.

② 이벤트 블록의 `댄서▼ 신호를 받았을 때`와 형태 블록의 `댄서가 되어 세계 대회에 나갈 거야! 말하기` 블록을 연결하여, [Cassy Dance] 스프라이트를 클릭하면 '댄서' 메시지를 방송하도록 구성합니다.

③ 이벤트 블록의 `탐험가▼ 신호를 받았을 때`와 형태 블록의 `탐험가가 되어 우주여행을 할 거야! 말하기` 블록을 연결하여, [Monet] 스프라이트를 클릭하면 '탐험가' 메시지를 방송하도록 구성합니다.

④ '처음으로' 메시지를 받았을 때, [Abby] 스프라이트의 처음 위치와 크기, 그리고 모양을 계속 변경할 수 있도록 블록을 구성합니다.

193

[Abby] 스프라이트 '질문하기' 메시지 블록 구성

① '질문하기' 메시지를 추가하여 메시지를 방송하고, 방송된 메시지를 받았을 때 블록을 추가하여 연습 문제를 구성합니다.

② 주인공 [Abby] 스프라이트가 '처음으로' 메시지를 받았을 때의 마지막 블록인 선택하라는 말하기 블록을 '질문하기' 메시지를 방송하는 것으로 대체합니다.

[Abby] 스프라이트 '~라고 묻고 기다리기' 블록 구성

① '질문하기' 메시지를 받았을 때 ~라고 묻고 기다리기 블록을 구성합니다.

> **Tip** ~라고 묻고 기다리기 블록이 실행되면 무대의 아래쪽에 물음에 대한 답변을 입력하는 공간이 나타납니다. 사용자가 답변을 입력해야만 프로젝트가 진행됩니다.

② 사용자가 입력한 답변은 [대답] 변수에 등록되며, 이 변수를 활용하여 참 또는 거짓의 조건을 따져서 블록을 구성합니다.

③ 제어 블록의 만약 ~(이)라면 블록을 겹치거나 나란하게 사용하여 [대답] 변수에 대한 조건을 나눠서 구성합니다.

> **Tip** 사용자가 입력한 [대답] 변수가 '댄서' 또는 '탐험가'가 아니면 다시 '질문하기' 메시지를 방송하여 답변을 입력하도록 합니다.

[Cassy Dance] 스프라이트 블록 구성

① ▶을 클릭했을 때와 '탐험가' 메시지를 받았을 때, 스프라이트를 숨기도록 구성합니다.

② '처음으로' 메시지를 받으면, 이 스프라이트를 숨기고 4초 후에 보이도록 합니다.

③ '댄서' 메시지를 받으면, 위치를 설정하고 계속 모양을 바꿔 움직이도록 합니다.

[Monet] 스프라이트 블록 구성

① ▶을 클릭했을 때와 '댄서' 메시지를 받았을 때, 스프라이트를 숨기도록 구성합니다.

② '처음으로' 메시지를 받으면, 이 스프라이트를 숨기고 4초 후에 보이도록 합니다.

③ '탐험가' 메시지를 받으면, 위치를 설정하고 계속 모양을 바꿔 움직이도록 합니다.

가위바위보

https://scratch.mit.edu/projects/325222499

[Button2] 스프라이트 블록 구성

① 이벤트 블록의 `클릭했을 때` 블록으로 게임의 초기 상태를 구성합니다.

② [Button2] 블록의 처음 위치와 배경, 그리고 모양과 변수를 초기화합니다.

③ 이벤트 블록의 `이 스프라이트를 클릭했을 때` 블록으로 [Button2] 스프라이트를 클릭하여 게임을 시작하거나 종료할 수 있도록 구성합니다.

④ [상태] 변수가 '시작'이라면 '끝'이라고 변수의 값을 설정하고, 아니면 '시작'이라고 변수의 값을 설정합니다.

[주사위-1] 스프라이트 블록 구성

① 이벤트 블록의 `클릭했을 때` 블록으로 게임의 초기 상태를 구성합니다. [주사위-1] 스프라이트의 처음 위치와 모양을 초기화합니다.

② '게임' 메시지는 게임이 시작하면 [주사위-1] 스프라이트가 모양을 계속 변경하면서 주사위를 선택하는 과정을 보여줍니다.

③ '종료' 메시지는 게임의 종료로 주사위의 승패를 결정합니다.

> **Tip** 제어 블록의 `멈추기 모두▼` 블록은 모든 스크립트의 동작을 멈추게 합니다.

[주사위-2] 스프라이트 블록 구성

① 이벤트 블록의 클릭했을 때 블록으로 게임의 초기 상태를 구성합니다. [주사위-2] 스프라이트의 처음 위치와 모양을 초기화합니다.

② '게임' 메시지는 게임이 시작하면 [주사위-2] 스프라이트가 모양을 계속 변경하면서 주사위를 선택하는 과정을 보여줍니다.

③ '종료' 메시지는 게임의 종료로 주사위의 승패를 결정합니다.

오늘의 퀴즈 (153쪽)

https://scratch.mit.edu/projects/325223133

[Abby] 스프라이트 퀴즈 초기화 블록 구성

1. 이벤트 블록의 `클릭했을 때` 블록으로 게임의 초기 상태를 구성합니다. 이때 변수를 초기화합니다.

2. 퀴즈의 정답과 오답의 결과를 저장할 **[점수]** 변수와 퀴즈의 난이도를 위해서 사용하는 덧셈과 곱셈 연산자를 저장할 **[연산자]** 변수를 만듭니다.

> **Tip** [점수] 변수 옆에 있는 체크 박스를 클릭하여 무대 위에서 [점수] 변수가 보이도록 합니다.

[Abby] 스프라이트 퀴즈 출제 블록 구성

1. 이벤트 블록의 `클릭했을 때` 블록으로 구성을 시작합니다.

2. 퀴즈 안내를 위해 말하는 시간 2초를 기다리고, 퀴즈를 문제를 냅니다.

3. 연산을 위한 두 항목을 변수 **[왼쪽]**과 **[오른쪽]**으로 나누고, 난수를 이용하여 두 변수의 값을 무작위로 할당합니다.

4. 감지 블록의 `~라고 묻고 기다리기` 블록의 입력값에 퀴즈의 문자열을 연결하여 사용자의 답변을 유도합니다.

5. 사용자의 답변을 **[연산자]** 변수의 값에 따라 정답인지를 판단하고, 이를 메시지로 방송합니다.

> **Tip** [점수] 변수의 값이 9보다 크면 곱셈으로 [연산자] 변수의 값을 변경합니다.

[Abby] 스프라이트 메시지 블록 구성

❶ '정답', '오답', '게임 끝' 메시지를 추가하여 구성하고, 이를 방송으로 전달받았을 때의 블록을 구성합니다.

❷ 정답일 경우에는 '정답입니다.'를 말하고, [점수] 변수에서 1을 더합니다.

❸ 오답일 경우에는 '틀렸습니다.'를 말하고, [점수] 변수에서 1을 뺍니다.

❹ [점수] 변수의 값이 1보다 작아지면, '게임 끝' 메시지를 방송하여 퀴즈를 종료합니다.

❺ '게임 끝!'을 말하도록 합니다.

[Nano] 스프라이트 블록 구성

❶ 이벤트 블록의 클릭했을 때 블록으로 구성을 시작합니다.

> **Tip** 퀴즈의 진행과는 직접적인 관련이 없는 블록 구성이지만, 모양을 변경하는 효과를 보여주기 위해 추가했습니다.

❷ [점수] 변수에 따라 [Nano] 스프라이트의 모양이 4가지로 바뀌며, 게임의 상황을 표시합니다.

연습 문제 정답 **199**

18일째 미로를 탈출하라! (163쪽)

https://scratch.mit.edu/projects/325223625

[Rocketship] 스프라이트 초기화 블록 구성

① 이벤트 블록의 [클릭했을 때] 블록으로 구성을 시작합니다.

② [Rocketship] 스프라이트의 크기와 방향, 그리고 처음 위치를 초기화합니다.

③ 감지 블록의 [타이머 초기화] 블록을 이용하여 프로젝트를 실행할 때마다 타이머를 0부터 시작하도록 합니다.

[Rocketship] 스프라이트 키보드 이벤트 블록 구성

① 이벤트 블록의 [클릭했을 때] 블록으로 키보드의 화살표 키를 이용하여 [Rocketship] 스프라이트를 이동하는 블록을 구성합니다.

② 키보드 화살표 키를 누르면 발생하는 이벤트 블록을 만듭니다.

③ [Rocketship] 스프라이트가 미로의 탈출구에 있는 [Star] 스프라이트에 닿았는지를 판단하여 미로를 탈출할 때까지 걸린 시간을 타이머를 통해 알려줍니다.

[Rocketship] 스프라이트 메시지 방송 처리 블록 구성

❶ '위쪽 화살표' 메시지를 받았다면, 방향을 위쪽인 '90도'로 설정하고 y좌표를 위쪽으로 4만큼 이동합니다. 흰색의 미로 벽에 닿았다면 충돌 전의 위치로 돌려줍니다.

❷ '아래쪽 화살표' 메시지를 받았다면, 방향을 아래쪽인 '-90도'로 설정하고 y좌표를 아래쪽으로 4만큼 이동합니다. 흰색의 미로 벽에 닿았다면 충돌 전의 위치로 돌려줍니다

❸ '오른쪽 화살표' 메시지를 받았다면, 방향을 위쪽인 '180도'로 설정하고 x좌표를 오른쪽으로 4만큼 이동합니다. 흰색의 미로 벽에 닿았다면 충돌 전의 위치로 돌려줍니다.

❹ '왼쪽 화살표' 메시지를 받았다면, 방향을 왼쪽인 '0도'로 설정하고 x좌표를 왼쪽으로 4만큼 이동합니다. 흰색의 미로 벽에 닿았다면 충돌 전의 위치로 돌려줍니다.

19일째 뻐꾸기시계 173쪽

무대 구성하기

❶ 감지 블록의 `현재~▼` 블록을 활용하여 시, 분, 초가 무대에서 보이도록 구성합니다.

[시계] 스프라이트 초기화 블록 구성

❶ 이벤트 블록의 `▶클릭했을 때` 블록으로 구성을 시작합니다.

❷ [시침]과 [분침], 그리고 [초침] 스프라이트가 [시계] 스프라이트에 가려져 안 보이는 것을 막기 위해 레이어를 뒤쪽으로 물러나게 합니다.

❸ [시작] 메시지를 방송하여 1초마다 시간을 표시하기 위해 [몇 시] 메시지를 방송합니다.

❹ 현재 초의 값이 0이 되면 알람을 위해서 [뻐꾸기] 메시지를 방송합니다.

❺ '뻐꾸기' 메시지를 받으면 [시계] 스프라이트가 좌우로 움직이도록 표현합니다.

[시침] 스프라이트 블록 구성

❶ [시침] 스프라이트가 '몇 시' 메시지를 받았을 경우의 블록을 구성합니다.

❷ 컴퓨터에서 보내주는 시간은 24시간 단위이므로 12시간 단위로 바꾸는 과정을 추가합니다.

❸ 시침의 위치가 세밀하게 표현되도록 분침의 이동에 따라 시침을 조금 더 회전하게 구성합니다.

[분침] 스프라이트 블록 구성

① [분침] 스프라이트가 '몇 시' 메시지를 받았을 경우의 블록을 구성합니다.

② 60분 동안 360도를 회전하므로, 360/60에 따라 1분에 6도를 회전합니다. 이 값을 회전 방향으로 설정합니다.

[초침] 스프라이트 블록 구성

① [초침] 스프라이트가 '몇 시' 메시지를 받았을 경우의 블록을 구성합니다.

② 60초 동안 360도를 회전하므로, 360/60에 따라 1초에 6도를 회전합니다. 이 값을 회전 방향으로 설정합니다.

[Rooster] 스프라이트 블록 구성

① [Rooster] 스프라이트가 '뻐꾸기' 메시지를 받으면, 무대에 나타나 알람을 표현하도록 블록을 구성합니다.

② 모양을 바꾸고, 소리를 재생한 후에 보이지 않도록 합니다.

비만도 계산하기

https://scratch.mit.edu/projects/325224762

[Gobo] 스프라이트 초기화 블록 구성

❶ 이벤트 블록의 [🏴 클릭했을 때] 블록으로 구성을 시작합니다.

❷ [몸무게], [키] 변수의 초깃값을 설정합니다.

❸ '몸무게 보이기', '키 보이기' 메시지를 방송합니다. 이 메시지는 [화살표] 스프라이트를 클릭하여 [숫자] 스프라이트의 모양을 바꾸는 것을 표시합니다.

❹ [무한 반복하기] 블록으로 모양을 바꿔 움직임을 표현합니다.

[Gobo] 스프라이트 비만도 판정 블록 구성

❶ 이벤트 블록의 [이 스프라이트가 클릭했을 때] 블록으로 구성을 시작합니다.

❷ 비만도 판정 공식을 입력한 후, [비만도] 변수에 저장합니다.

> **Tip** 키의 값을 cm 단위로 입력받기 때문에, 이를 m 단위로 변경하기 위해서 [키] 변수를 100으로 나눕니다.

❸ 비만도 판정 구간에 따른 블록을 구성하고, 말하기 블록을 통하여 그 결과를 알려줍니다.

숫자 표현 블록 구성

❶ 몸무게는 2자리, 키는 3자리로 표현합니다.

❷ '몸무게 보이기' 메시지를 받으면, [몸무게] 변수의 값에 따라 숫자판의 번호 모양이 바뀝니다.

❸ '키 보이기' 메시지를 받으면, [키] 변수의 값에 따라 숫자판의 번호 모양이 바뀝니다.

> Tip 숫자판의 번호 모양은 0부터 시작하도록 구성했습니다.

화살표 블록 구성

❶ 몸무게와 키를 입력하기 위해서 [화살표] 스프라이트를 클릭하여 숫자를 증가시키거나 감소시킵니다.

❷ 위쪽 화살표를 클릭하여 [몸무게] 또는 [키] 변수의 값을 1만큼씩 증가시키면, '몸무게 보이기' 또는 '키 보이기' 메시지를 방송하여 숫자판의 번호를 증가시키도록 합니다.

❸ 아래쪽 화살표를 클릭하여 [몸무게] 또는 [키] 변수의 값을 1만큼씩 감소시키면 '몸무게 보이기' 또는 '키 보이기' 메시지를 방송하여 숫자판의 번호를 감소시키도록 합니다.

동작 블록

블록	설명
10 만큼 움직이기	해당 스프라이트를 10(픽셀) 만큼 오른쪽으로 이동합니다.
방향으로 15 도 회전하기	해당 스프라이트를 15도만큼 시계 방향으로 회전합니다.
방향으로 15 도 회전하기	해당 스프라이트를 15도만큼 시계 반대 방향으로 회전합니다.
무작위 위치 (으)로 이동하기	무작위 위치나 마우스 포인터의 위치로 스프라이트를 이동합니다.
x: 0 y: 0 (으)로 이동하기	입력된 x 좌표와 y 좌표로 스프라이트의 위치를 이동합니다.
1 초 동안 무작위 위치 (으)로 이동하기	1초 내에 무작위 위치나 마우스 포인터의 위치로 스프라이트를 이동합니다.
1 초 동안 x: 0 y: 0 (으)로 이동하기	입력된 시간 내에 입력된 x 좌표와 y 좌표로 스프라이트를 이동합니다.
90 도 방향 보기	해당 스프라이트의 방향을 설정합니다.
마우스 포인터 쪽 보기	마우스 포인터의 방향으로 스프라이트의 방향을 설정합니다.
x 좌표를 10 만큼 바꾸기	스프라이트의 x 좌표를 현재 위치에서 입력된 값만큼 이동합니다.
x 좌표를 0 (으)로 정하기	스프라이트의 x 좌표를 입력된 값으로 설정합니다.
y 좌표를 10 만큼 바꾸기	스프라이트의 y 좌표를 현재 위치에서 입력된 값만큼 이동합니다.
y 좌표를 0 (으)로 정하기	스프라이트의 y 좌표를 입력된 값으로 설정합니다.
벽에 닿으면 튕기기	화면의 벽에 닿으면 스프라이트의 방향을 반대 방향으로 변경합니다.
회전 방식을 왼쪽-오른쪽 (으)로 정하기	스프라이트의 회전 방식을 설정합니다.
x 좌표	스프라이트의 x 좌표의 값을 갖는 변수입니다.
y 좌표	스프라이트의 y 좌표의 값을 갖는 변수입니다.
방향	스프라이트의 방향값을 갖는 변수입니다.

형태 블록

블록	설명
안녕! 을(를) 2 초 동안 말하기	입력한 글자를 설정한 초 단위 시간 동안 말풍선으로 표현합니다.
안녕! 말하기	입력한 글자를 말풍선으로 표현합니다.
음... 을(를) 2 초 동안 생각하기	입력한 글자를 설정한 초 단위 시간 동안 생각 풍선으로 표현합니다.
음... 생각하기	입력한 글자를 생각 풍선으로 표현합니다.
모양을 모양 1 (으)로 바꾸기	스프라이트의 모양을 선택한 것으로 바꿉니다.
다음 모양으로 바꾸기	스프라이트의 모양을 다음 순서의 모양으로 바꿉니다.
배경을 배경 1 (으)로 바꾸기	배경을 선택된 것으로 바꿉니다.
다음 배경으로 바꾸기	배경을 다음 순서의 배경으로 바꿉니다.
크기를 10 만큼 바꾸기	스프라이트의 크기를 설정한 크기만큼 변경합니다. 현재 보이는 크기를 기준으로 % 만큼 변경합니다.
크기를 100 %로 정하기	스프라이트의 크기를 % 단위로 설정합니다. 기본값은 100%로 원래의 크기입니다.
색깔 효과를 25 만큼 바꾸기	스프라이트나 배경에 선택된 효과를 설정한 값만큼 적용합니다.
색깔 효과를 0 (으)로 정하기	스프라이트나 배경에 선택한 효과를 설정한 값으로 적용합니다.
그래픽 효과 지우기	스프라이트나 배경에 적용한 그래픽 효과를 없앱니다.
보이기	스프라이트를 무대에서 보이도록 합니다.
숨기기	스프라이트를 무대에서 보이지 않도록 합니다.
맨 앞쪽 으로 순서 바꾸기	여러 개의 스프라이트가 겹쳐있을 때 보이는 순서를 변경합니다.
앞으로 1 단계 보내기	여러 개의 스프라이트가 겹쳐있을 때 보이는 순서를 변경합니다.
모양 번호	스프라이트 모양을 갖는 변수입니다.

블록	설명
배경 번호 ▼	현재의 배경을 갖는 변수입니다.
크기	스프라이트의 현재 크기 값을 갖는 변수입니다.

소리 블록

블록	설명
야옹 ▼ 끝까지 재생하기	소리가 끝까지 재생될 때까지 연결된 다음 블록의 실행을 미룹니다.
야옹 ▼ 재생하기	소리를 재생합니다. 기본값은 소리 탭에 등록된 '야옹'입니다.
모든 소리 끄기	모든 소리를 끕니다.
음 높이 ▼ 효과를 10 만큼 바꾸기	소리 효과를 현재 값으로부터 변경합니다.
음 높이 ▼ 효과를 100 로 정하기	소리 효과를 설정합니다.
소리 효과 지우기	설정된 소리 효과를 지웁니다.
음량을 -10 만큼 바꾸기	음량을 설정한 값만큼 변경합니다.
음량을 100 % 로 정하기	음량을 % 단위로 설정합니다.
음량	설정된 음량을 갖는 변수입니다.

이벤트 블록

블록	설명
▶ 클릭했을 때	무대 왼쪽 위의 ▶을 클릭했을 때 블록 아래의 스크립트를 실행시킵니다. 일반적으로 스크래치를 처음 실행할 때 사용합니다.
스페이스 ▼ 키를 눌렀을 때	키보드의 키 중 입력한 값을 눌렀을 때 블록 아래의 스크립트가 실행됩니다.

블록	설명
이 스프라이트를 클릭했을 때	해당 스프라이트를 클릭했을 때 블록 아래의 스크립트가 실행됩니다.
배경이 배경 1 ▼ (으)로 바뀌었을 때	배경이 설정한 다른 배경으로 바뀌었을 때 블록 아래의 스크립트가 실행됩니다.
음량 ▼ > 10 일 때	음량이나 타이머가 설정한 값 이상이 될 때 블록 아래의 스크립트가 실행됩니다.
메시지1 ▼ 신호를 받았을 때	설정한 메시지 신호를 받았을 때 블록 아래의 스크립트가 실행됩니다. 새로운 메시지를 설정할 수 있습니다.
메시지1 ▼ 신호 보내기	설정한 메시지 신호를 보냅니다.
메시지1 ▼ 신호 보내고 기다리기	설정한 메시지 신호를 보낸 후 해당 메시지 신호를 받았을 때, 블록에 정의한 스크립트가 모두 수행될 때까지 기다렸다가 다음 스크립트를 실행시킵니다.

제어 블록

블록	설명
1 초 기다리기	설정한 초 단위 시간만큼 기다린 후에 다음 블록을 실행하도록 합니다.
10 번 반복하기	내부의 블록을 설정한 횟수만큼 반복하도록 합니다.
무한 반복하기	내부의 블록을 무한 반복하도록 합니다.
만약 (이)라면	설정한 조건에 따라 내부의 블록을 실행합니다.
만약 (이)라면 아니면	설정한 조건에 따라 내부의 블록을 실행하고, 해당 조건이 아니라면 '아니면' 내부의 블록을 실행합니다.

블록	설명
◆ 까지 기다리기	설정한 조건까지 기다린 후에 다음 블록을 실행하도록 합니다.
◆ 까지 반복하기	설정한 조건까지 계속해서 반복하도록 합니다.
멈추기 모두 ▼	설정한 대상의 스크립트를 멈추게 합니다.
복제되었을 때	블록이 복제되었을 때 하는 일을 구성합니다.
나 자신 ▼ 복제하기	선택한 스프라이트를 복제합니다.
이 복제본 삭제하기	복제된 스프라이트를 삭제합니다.

감지 블록

블록	설명
마우스 포인터 ▼ 에 닿았는가?	스프라이트가 마우스 포인트나 벽 등에 닿았는지를 감지합니다.
● 색에 닿았는가?	설정한 색에 닿았는지를 감지합니다.
● 색이 ● 색에 닿았는가?	설정한 두 개의 색이 서로 닿았는지를 감지합니다.
마우스 포인터 ▼ 까지의 거리	해당 스프라이트와 마우스 포인터 등 설정한 것과 떨어져 있는 만큼의 거릿 값을 계산해 줍니다. 일종의 변수 역할을 합니다.
What's your name? 라고 묻고 기다리기	설정한 문장을 말풍선으로 묻고 사용자의 입력값을 기다립니다.
대답	설정한 문장을 말풍선으로 묻고 사용자의 입력값을 저장합니다.
스페이스 ▼ 키를 눌렀는가?	키보드 키 중 입력한 값을 눌렀는지 감지합니다.
마우스를 클릭했는가?	무대 위에서 마우스가 클릭한 영역을 감지합니다.
마우스의 x좌표	마우스 포인터의 x 좌표를 갖는 변수입니다.
마우스의 y좌표	마우스 포인터의 y 좌표를 갖는 변수입니다.

블록	설명
드래그 모드를 드래그 할 수 있는 ▼ 상태로 정하기	스프라이트의 드래그 여부를 설정합니다.
음량	소리의 음량을 갖는 변수입니다.
타이머	현재의 타이머 값을 갖는 변수입니다.
타이머 초기화	타이머를 0으로 초기화합니다.
무대 ▼ 의 backdrop # ▼	선택한 스프라이트나 무대의 속성을 갖는 변수입니다.
현재 년 ▼	현재의 날짜, 요일, 시간 등의 값을 설정합니다.
2000년 이후 현재까지 날짜 수	2000년 이후부터 현재까지의 날짜 수를 가져옵니다.
사용자 이름	로그인한 사용자의 이름을 나타냅니다.

연산 블록

블록	설명
◯ + ◯	입력한 두 값을 더합니다.
◯ - ◯	입력한 두 값을 뺍니다.
◯ × ◯	입력한 두 값을 곱합니다.
◯ ÷ ◯	입력한 두 값을 나눕니다.
1 부터 10 사이의 난수	입력한 두 값의 사이에서 임의의 수를 만듭니다.
◯ > 50	입력한 두 값 중 오른쪽 값이 큰지를 판단합니다.
◯ < 50	입력한 두 값이 같은지를 비교합니다.
◯ = 50	입력한 두 값 중 왼쪽 값이 큰지를 판단합니다.
그리고	비교하는 두 연산의 값이 모두 참인지를 판단합니다.
또는	비교하는 두 연산 중 1개 이상이 참인지를 판단합니다.

블록	설명
이(가) 아니다	비교하는 연산의 결과를 반대 값으로 돌려줍니다. 연산이 참(true)라면 거짓(false)으로, 거짓이라면 참으로 결과를 만들어 줍니다.
apple 와(과) banana 결합하기	두 문자열을 연결합니다.
apple 의 1 번째 글자	문자열의 해당 순번째의 문자를 돌려줍니다.
apple 의 길이	문자열의 개수를 결괏값으로 돌려줍니다.
apple 이(가) a 을(를) 포함하는가?	문자열에서 특성 문자를 포함하는지를 판단하여, 참(true)과 거짓(false)으로 돌려줍니다.
나누기 의 나머지	두 숫자 값을 나누어 나머지 값을 돌려줍니다.
의 반올림	소수점 이하로 표현된 값을 반올림합니다.
절댓값 ( )	입력한 숫자 값을 선택한 연산자로 계산합니다.

변수 블록

블록	설명
나의 변수	생성한 변수입니다. 여기서는 [나의 변수]라는 이름으로 만들었습니다.
나의 변수 을(를) 0 로 정하기	입력한 값으로 [나의 변수] 변수의 값을 정합니다.
나의 변수 을(를) 1 만큼 바꾸기	입력한 값으로 [나의 변수]의 값을 변경합니다. 현재의 값이 1이고 입력한 값이 2라면, 변경된 값은 3을 갖습니다.
나의 변수 변수 보이기	[나의 변수]를 무대에 보이도록 합니다.
나의 변수 변수 숨기기	[나의 변수]를 무대에서 보이지 않도록 합니다.
myList	생성한 리스트입니다. 여기서는 [myList]라는 이름으로 만들었습니다.
항목 을(를) myList 에 추가하기	[myList] 리스트에 입력한 값을 추가합니다.
1 번째 항목을 myList 에서 삭제하기	입력한 순서의 항목을 [myList] 리스트에서 삭제합니다.

블록	설명
myList ▼ 의 항목을 모두 삭제하기	[myList] 리스트의 모든 항목을 삭제합니다.
항목 을(를) myList ▼ 리스트의 1 번째에 넣기	입력한 값을 [myList] 리스트의 입력한 순서에 넣습니다.
myList ▼ 리스트의 1 번째 항목을 항목 으로 바꾸기	[myList] 리스트의 입력한 순서의 항목을 입력한 값으로 바꾸어 줍니다.
myList ▼ 리스트의 1 번째 항목	[myList] 리스트의 입력한 순서의 항목을 되돌려 줍니다.
myList ▼ 리스트에서 항목 항목의 위치	[myList] 리스트의 입력한 항목의 위치를 되돌려 줍니다.
myList ▼ 의 길이	[myList] 리스트의 길이를 되돌려 줍니다.
myList ▼ 이(가) 항목 을(를) 포함하는가?	[myList] 리스트의 항목 중 입력한 값이 있는지 판단합니다.
myList ▼ 리스트 보이기	[myList] 리스트를 무대에 보이도록 합니다.
myList ▼ 리스트 숨기기	[myList] 리스트를 무대에서 보이지 않도록 합니다.

음악 블록

블록	설명
(1) 스네어 드럼 ▼ 번 타악기를 0.25 박자로 연주하기	선택한 타악기를 입력한 박자로 연주합니다.
0.25 박자 쉬기	입력한 박자만큼 쉽니다.
60 번 음을 0.25 박자로 연주하기	입력한 음을 입력한 박자로 연주합니다.
악기를 (1) 피아노 ▼ (으)로 정하기	악기를 선택한 값으로 설정합니다.
빠르기를 60 (으)로 정하기	빠르기를 입력한 값으로 설정합니다.
빠르기를 20 만큼 바꾸기	현재의 빠르기에서 입력한 값만큼 변경합니다.
빠르기	현재 설정한 빠르기를 갖는 변수입니다.

블록	설명
모두 지우기	지금까지 그린 선을 지웁니다.
도장찍기	모양을 복사합니다.
펜 내리기	선 그리기를 시작합니다.
펜 올리기	선 그리기를 종료합니다.
펜 색깔을 ● (으)로 정하기	선택한 색깔로 선의 색깔을 정합니다.
펜 색깔 ▼ 을(를) 10 만큼 바꾸기	입력한 값만큼 현재 선의 색깔을 변경합니다.
펜 색깔 ▼ 을(를) 50 (으)로 정하기	입력한 값으로 선의 색깔을 정합니다.
펜 굵기를 1 만큼 바꾸기	입력한 값만큼 현재 선의 굵기를 변경합니다.
펜 굵기를 1 (으)로 정하기	입력한 값으로 선의 굵기를 정합니다.

MEMO